le 16 octobre 2002

Que Freud
me pardonne!

À ma bien chère Géraldine.

En hommage à ta beauté
et ta gentillesse.

Bonne lecture
x xx

[signature]

Dr Jacques Voyer, psychiatre

Que Freud
me pardonne!

Libre Expression

Libre Expression

Données de catalogage avant publication (Canada)
Voyer, Jacques
Que Freud me pardonne !
Autobiographie
ISBN 2-89111-973-8
1. Voyer, Jacques, 1948- . 2. Psychiatres – Québec (Province) –
Biographies. 3. Quadriplégiques – Québec (Province) – Biographies. I. Titre.
RC438.6.V69A3 2002   616.89'0092   C2002-940435-5

Maquette de la couverture
FRANCE LAFOND
Infographie et mise en pages
SYLVAIN BOUCHER

Libre Expression remercie le gouvernement canadien
(Programme d'aide au développement de l'industrie de l'édition),
le Conseil des Arts du Canada et la Société de développement
des entreprises culturelles du soutien accordé à
ses activités d'édition dans le cadre de leurs programmes
de subventions globales aux éditeurs.

© Éditions Libre Expression ltée, 2002

Éditions Libre Expression
2016, rue Saint-Hubert
Montréal (Québec) H2L 3Z5

Dépôt légal :
2ᵉ trimestre 2002

ISBN 2-89111-973-8

À Bobbie et Franchou

1

J'ai refusé d'emblée l'Ordre national du Québec.

– Puis-je me permettre de vous demander pourquoi?

me dit poliment Mme Denise Grenier, sa directrice générale d'alors, qui venait tout juste de m'apprendre que le Conseil voulait recommander ma candidature au premier ministre à titre de chevalier.

Encore tout surpris de la rapidité et de l'assurance de mon refus, j'en suis à essayer vainement de me l'expliquer quand elle me lance d'un ton tout aussi courtois, mais un peu inquiet :

– Pour des raisons politiques peut-être?

Les éclaboussures des colères électorales de mon grand-père Jean-Baptiste Voyer jaillissent du coup en moi et en force :

– Non, madame! Mes opinions politiques ne m'interdisent qu'une chose : en parler.

Et puis, une première réponse m'échappe aussi :

– C'est plus simple que ça : je ne vois pas pourquoi on me donnerait une médaille pour avoir fait ce que j'avais à faire.

– Je veux bien, docteur Voyer, mais vous l'avez quand même fait, comment dire, très…, quadriplégique et en fauteuil roulant.

– Comme bien d'autres personnes très handicapées aussi, avec ou sans fauteuil roulant.

– Tout de même, docteur Voyer, c'est de la fausse modestie. C'est en fauteuil roulant que vous avez fait vos études en médecine, avec une spécialité en psychiatrie en plus. Sans compter que vous vous occupez de clientèles bien particulières : les grands malades mentaux chroniques, les cancéreux en phase terminale et, depuis 1986, les malades psychiatriques dangereux à l'Institut Philippe-Pinel...

– Beaucoup de psychiatres ont suivi le même cheminement et ils s'intéressent aussi à des clientèles bien difficiles. On ne les décore pas pour autant.

– Ajoutez à cela votre enseignement à l'Université McGill, puis à l'Université de Montréal. On vous réclame comme conférencier dans toutes sortes de milieux. Et il y a tous ces conseils d'administration auxquels vous siégez... C'est quelque chose, non?

– J'ai fait tout ça parce que j'ai aimé ça..., que je conclus en éclatant de rire, puis en rajoutant : la plupart du temps! Mais c'est vendredi, cinq heures, j'ai ma semaine sur le dos, et j'avoue que je n'ai pas vraiment de réponse intelligente à vous offrir.

– Voulez-vous une période de réflexion?

– Oui, j'apprécierais. Lundi, ça vous convient?

– Mais bien sûr... et même dans une ou deux semaines si vous voulez. On a encore un peu de temps devant nous.

– Lundi, j'aurai une réponse plus réfléchie. En tout cas, une réponse qui me satisfera. Merci beaucoup de cette offre bien gratifiante!

J'ai donc passé la fin de semaine à y réfléchir. Il ne me venait que des émotions. Beaucoup d'émotions.

D'abord, la peine des miens depuis mon accident et mon désarroi total au début. Puis, les treize années que j'ai passées à me refaire une vie. Mais ce qui finit par s'imposer, c'est l'amour et les valeurs des gens qui m'avaient élevé. Le 30 avril 1998, le soir du soixante-douzième anniversaire de naissance de papa, ce sont eux que l'on décora dans le grand salon rouge de l'Assemblée nationale.

Dans mon cœur et dans ma mémoire, ils étaient les racines qui m'avaient retenu quand le vent avait soufflé trop fort pour moi.

2

Quelques mois plus tard, en janvier 1999, le talentueux journaliste, connu et apprécié, Gaétan Girouard se suicide, au grand étonnement de tous. Mon amie Rolande Parent, aussi journaliste, mais à la Presse canadienne, me questionne sur les suicides des personnes très présentes dans les médias et sur leur effet d'entraînement dans la société. En cours d'entrevue, elle me propose qu'on écrive ensemble un livre sur l'importance de faire ses deuils dans la vie. Et en débutant par ma propre histoire, pourquoi pas?

J'hésitais. Je suis médecin psychiatre. J'ai la charge de patients. Le dévoilement psychologique ne fait pas partie de nos traditions, à mes confrères et à moi. Un de mes héritages freudiens... On est comme les curés : se révéler humain n'aide pas les confessions. Et par le fait même, pas plus le salut des âmes que les progrès en psychothérapie.

En même temps, je pensais à ces statistiques de plus en plus accablantes pour une petite société apparemment confortable comme la nôtre : tous les jours au Québec, trois, quatre hommes, surtout des jeunes, se donnent la mort. Professionnellement, j'ai évalué et traité bien des suicidaires. Pas toujours avec succès. Des proches, des collègues ont aussi réglé leurs difficultés de cette façon. Beaucoup trop. Et chez tous, la même souffrance : le désespoir, l'impuissance ou «cela plutôt que la honte». C'est alors que l'histoire de mon ami Jules Tremblay m'est revenue en mémoire. Si je peux maintenant conduire une automobile, c'est grâce à lui. À Marc aussi, son fils écrasé à mort par un camion de la Brinks, le jour même de son neuvième anniversaire. Il était surexcité après l'appel téléphonique de son père qui lui avait annoncé lui avoir acheté un petit moteur électrique pour sa chaloupe. Il avait oublié que c'était samedi et que l'autobus n'était pas «jaune scolaire». Deux raisons pour ne pas passer devant en courant à l'arrêt.

Quatre ans plus tôt, Jules s'était cassé un fémur après être tombé d'une échelle rendue glissante par la pluie. Le plâtre l'avait empêché de conduire pendant six mois. Lui qui réparait des moteurs et conduisait à peu près n'importe quoi depuis l'âge de treize ans en était exaspéré : comment font les personnes handicapées pour vivre sans conduire?

Il faut dire qu'avant de devenir un génie des moteurs Jules recommençait sans cesse sa quatrième année à cause de sa dyslexie.

Après la mort de son fils Marc, m'a confié Jules plus tard, il avait voulu mourir. Puis, il avait trouvé une façon de passer à travers l'épreuve : redonner aux personnes handicapées la possibilité de conduire leur automobile.

Alors je me suis dit que Freud, mes confrères et mes patients me pardonneraient mes indiscrétions si elles se révélaient utiles à d'autres. Au pire, mon manuscrit ne serait peut-être jamais publié, mais Jacoby, mon petit-fils, pourrait lire un jour comment son papy fonctionnait de l'intérieur. Là-dessus, j'aurais moi-même tant aimé en savoir plus sur mes grands-parents.

Les Tibétains disent : «C'est la fenêtre qui est carrée, pas le paysage.» Je sais que mon histoire n'est que celle vue d'une petite fenêtre, la mienne, comparée à la grandeur, à la complexité et à la richesse de l'expérience humaine.

Mais j'ai osé espérer que présenter mon témoignage pourrait en aider d'autres à vivre. Comme Jules l'a fait pour moi et tant d'autres après la mort de son fils : pour donner du sens à une tragédie qui, *a priori*, n'en a pas.

3

D'abord, il y eut l'insoutenable.
J'avais vingt et un ans.

* * *

Cinq heures vingt à ma vieille Bulova.
Une chaleur caniculaire !
Cinq heures vingt ? J'ai faim, donc !
Nous sommes venus pour nous rafraîchir, mon frère Claude et ma sœur Claire, chez Denis, son « copain » qu'elle l'appelle. Ils badinent autour de la piscine en sirotant leurs eaux gazeuses.
Il fait si chaud. Tant pis pour la faim : dernier plongeon !
Je monte sur le tremplin pour la énième fois de cette fin d'après-midi. Je me tiens bien droit, puis... trois grands pas. Le bond. Je sens le souffle de l'air frais sur ma peau ruisselante avec ce saut de l'ange qui m'amène tout droit aux portes de l'enfer qui s'ouvrent comme dans un flash. Comme celui de notre petit « Kodak » qui enregistre nos fêtes en famille.
Mais c'est plutôt le choc soudain d'une forte douleur au front. Au même moment, ma sixième vertèbre cervicale éclate, puis écrase ma moelle épinière « par

flexion antérieure forcée», m'apprendra plus tard le docteur Leblanc, mon neurochirurgien. Je venais de frapper le haut fond de la piscine.

* * *

Pourtant, la veille, le 18 juillet, dans la grande salle à manger de l'hôtel Saint-Louis, à Rivière-du-Loup, j'étais ce paon, sympathique j'espère, mais pas moins très fier de sa personne. On célébrait le quarante-cinquième anniversaire de mariage de mes grands-parents Voyer. Je revois la scène.

– C'est tout un homme, votre Jacquot. Un grand six pieds et beau blond à part ça! s'exclame la grand-tante Jeanne, s'adressant à mes parents, Lucille et Jean-Marie.

– Merci, ma tante, que je lui réponds, la tête déjà bien enflée.

– Puis, tes études de médecine, ça va bien?

L'orgueilleux gallinacé que je suis n'a pas le temps d'amorcer une phrase que déjà maman répond :

– Je comprends donc! Ils l'ont même élu président de l'Association des étudiants en médecine!

– Dis donc, tu as dû avoir des *bonyennes* de belles notes pour qu'ils t'élisent, reprend l'autre, en ajoutant : Est-ce qu'ils vont te faire sauter une année maintenant que tu es président?

Plus tard, je rajoute encore de ma fière naïveté, quand, invité à prendre la parole à titre d'aîné des petits-enfants, je remercie d'abord mes grands-parents d'être ce qu'ils sont pour nous tous. Je nous souhaite ensuite un autre presque demi-siècle de leur belle et généreuse vie commune. Enfin, tellement sûr de moi et tenant la main de Zazou, ma petite amie, je leur promets d'assister à leurs noces d'or avec le premier de leurs arrière-petits-enfants.

***

Un flash. Une forte douleur au front. Puis… rien.

Je décide donc que c'en est assez de cette baignade et, tout à fait remis, je pousse des jambes pour remonter à la surface.

Rien…

Je pousse des bras.

Rien…

J'ai l'échine du cou rompue. Je ne le sais pas encore. Je tourne difficilement… et douloureusement ma tête pour entrevoir mon bras droit, semi-plié, ballottant au gré du courant de la piscine et mes doigts qui ne bougent plus.

C'est l'horreur. Je vais certainement me réveiller.

C'est un cauchemar! Je vais me réveiller!

Rien… Je reste immobile.

J'essaie encore de bouger les bras. Rien…

Et puis, je veux respirer. Je veux de plus en plus respirer. Mais je reste immobile sous l'eau avec le seul fond de la piscine comme panorama. À bout de souffle.

Lentement… très lentement, mon corps, à jamais inerte, remonte. C'est l'air dans mes poumons.

Comme je sens l'air sur le haut de mon dos qui flotte, j'essaie de relever la tête pour respirer enfin.

Rien!

J'essaie encore. Rien…

«Quoi? J'ai le cou cassé!» C'est encore plus l'horreur. Mais ma tête reste tombante sous l'eau.

«Non! Je ne suis pas paralysé! C'est juste une commotion spinale… Ça va revenir!»

J'espère encore qu'il n'y a pas de rupture de la conduction nerveuse entre le cerveau et le reste de mon corps, telle que j'ai pu la visualiser dans le *Manuel d'anatomie* de Frank Netter, ce classique pour étudiants en médecine.

Mais, même si j'espère que ce n'est qu'une paralysie temporaire, je n'en peux plus. Je dois respirer. Il le faut! Rien... Rien ne bouge!

Claire, ma sœur, qui me voit flotter, l'échine et les bras ballottant sous l'eau, me crie :

– Assez de niaiseries, Jacquot! Sort de l'eau!

Claude, mon frère, et Denis, le futur beau-frère, renchérissent :

– Arrête de faire l'épais... T'es pas drôle!

Je les entends. Je n'en peux plus. Je veux respirer!

Quelques secondes plus tard – des heures pour moi –, Claire saute à l'eau. Elle me soulève la tête, puis immédiatement la rejette en me disant :

– C'est assez de folies!

J'ai voulu respirer en même temps. Trop vite. J'ingurgite un gros bouillon par la trachée entrouverte. De l'air! Cette eau chlorée m'irrite encore plus les bronches. Et je ne peux la rejeter.

Claire me relève encore la tête. Juste le temps que je lui dise :

– C'est grave. Garde-moi la tête bien droite... Sortez-moi de l'eau. C'est grave. J'ai presque rien senti. Ça doit être une commotion spinale.

– Une commotion quoi?

J'aurais pu parler latin.

Claude et Denis me sortent de l'eau, chacun de son côté, ma tête bien droite entre les mains de Claire.

Ils m'allongent sur le ventre. Claire doit alors me tourner la tête, car mon menton ne peut rester droit. C'est trop douloureux. Mais, en même temps, j'ai tellement peur que ça aggrave tout. Je n'ai pas le choix, cependant.

Je ne le sais pas encore, mais mes muscles intercostaux sont désormais paralysés. Je respire pour la première fois que du diaphragme. J'ai une impression de souffle coupé quand je me force à soulever mon dos. Mais rapidement ma panique respiratoire me laisse, car des fourmillements brûlants me parcourent le corps. Cela fait très mal. Deux minutes plus tard : plus rien. Au «rétroscope», on peut avancer que c'était probablement la démyélinisation de la moelle épinière ou tout simplement la rupture des fibres nerveuses.

Je fais appeler les services ambulanciers.

Dans l'attente des secours, tout d'un coup, au sentiment d'horreur et d'impuissance, s'ajoute le désespoir : «Et si c'était pour... toujours?»

Je demande à Claude de se pencher vers moi. Je le regarde droit dans les yeux.

– Tire-moi à l'eau.

– Quoi?

– Je ne veux pas vivre comme ça. Tire-moi à l'eau!

Il me regarde. Ses yeux! J'y lis encore plus d'horreur et d'impuissance qu'en moi.

Et je prends ce que j'appelle maintenant ma première décision stratégique. Peut-être la plus importante de toutes celles qui viendront par la suite.

Je comprends dans son regard désemparé qu'il ne le fera pas. Qu'il ne peut pas le faire. Que, s'il le faisait, lui non plus ne pourrait survivre. Avec une telle demande, je le torture.

– Oublie ça, Claude. Oublie ça...

Cela m'est venu comme un éclair. Et cette pensée d'alors vaut toujours : «Ça va déjà être assez dur pour moi et les miens. Au moins, je vais les ménager autant que je peux.»

4

«Ça prend un village pour élever un enfant», dit le vieux proverbe africain. Je suis l'enfant de deux familles et de deux petites villes du Bas-Saint-Laurent du Québec des années cinquante. Rien à faire, c'est tatoué. En 1915, les Létourneau «émigraient» aux Trois-Pistoles des Escoumins, le village de la rive nord juste en face. Grand-papa, Jos pour les intimes, cuisinier de chantier jusqu'alors, y avait acheté une boulangerie. Ma grand-mère, Elmire Saint-Onge, était merveilleusement intarissable. Si bien qu'on disait qu'enfant, elle avait été vaccinée avec une aiguille de gramophone. Brillante raconteuse et joueuse de cartes, sa vivacité s'exerçait tant comme sage-femme qu'à veiller les agonisants avant de préparer leurs corps pour le croque-mort. Tout, sauf une femme au foyer. Ils eurent neuf enfants «à travers le trou de la jaquette», comme le confia un jour grand-papa Jos à mon père.

Mes grands-parents Voyer, Jean-Baptiste et Jeanne, avaient quitté leur terre de roches de Saint-Fabien en 1930. C'était la seule condition au mariage. «Il n'était pas question qu'il me fasse passer ma vie à m'ennuyer dans un rang», m'expliqua plus tard ma grand-mère. Arrière-petits-neveux et tous deux Voyer, ils durent payer vingt-cinq dollars au curé de la paroisse pour obtenir une dispense, une «amende» proportionnelle au lien de parenté entre les futurs époux. Ma grand-mère réussit donc à transformer le cultivateur-bûcheron-d'hiver en cultivateur-représentant des savons Barsalou. Elle arriva ensuite à le convaincre de «monter» à Rivière-du-Loup. Il y devint à jamais un ultranationaliste catholique canadien-français, et le tout aussi pur et dur représentant de la très britannique Sun Life Assurance Company.

Mon grand-père J.-B. était un homme peu souriant, très colérique et d'apparence autoritaire, quoique, en rétrospective, on ne peut pas dire qu'il ne se mêla jamais des affaires de ses quinze enfants, dont papa était l'aîné. Ses éclats, inévitables dans les discussions politiques, contrastaient avec le calme serein de ma grand-mère, une femme intelligente et pince-sans-rire.

Vingt ans après la mort de J.-B., j'osai enfin lui demander comment elle en était venue à marier un homme pareil. Elle me répondit : «Je pensais que tous les hommes étaient comme ton arrière-grand-père Georges et mon frère Léo : doux et trop bons!»

Les Létourneau de mon enfance étaient des femmes au foyer et des hommes de métier, tous taquins, rieurs et très jasants, sauf mon grand-père Jos. Un opportun diagnostic d'infarctus du myocarde (sans électrocardio-gramme) du docteur Talbot, le médecin du temps, lui fit profiter de prestations d'assurance-invalidité à vie, de l'âge de quarante ans jusqu'à sa mort. Sa boulangerie faisait alors faillite, ses clients ne pouvant plus payer avec la Grande Crise qui s'installait. Jusqu'à sa mort, il fut confiné aux tâches ménagères, tout en continuant de pêcher et de chasser. Il n'y eut aucune protestation de la part d'Elmire, qui continua à raconter ses histoires, à jouer aux cartes et à s'occuper de ses parturientes et de ses mourants jusque très tard dans sa vie. Les Létourneau étaient aussi des «tatoués» du Parti libéral, tant fédéral que provincial, et du club de hockey Le Canadien. La famille aurait d'ailleurs été catastrophée si l'un avait osé défier l'autre, au vote ou sur la glace! Les hommes Voyer étaient vendeurs d'assurances ou petits entrepreneurs. Toutes mes tantes, brillantes et très curieuses, complétèrent leur École normale et poursuivirent des carrières d'enseignantes. Tous étaient fiers, ordonnés et très attentifs aux apparences. Toutes les apparences : tant physiques que psychologiques et sociales. Il fallait avoir l'air impeccable! Mon grand-père Jean-Baptiste me le résumait bien : «L'important, mon Jacquot, c'est que les autres pensent que le gâteau, c'est juste du glaçage!» Plus tard, en fauteuil roulant, je resterai longtemps paralysé socialement : comme si je n'avais pas assez de glaçage pour soutenir les regards de la foule.

Les deux familles partageaient un attachement indéfectible à tous les membres de la famille élargie, particulièrement aux enfants. Nicole, ma sœur aînée, est en fait ma cousine parce qu'elle est la fille de tante Adèle. Cette sœur de maman décéda prématurément de tuberculose quinze jours avant ma naissance en septembre 1948, comme son mari, l'oncle Édouard, quatre ans plus tôt.

Et moi, je fus longtemps timide et collé aux jupes de ma mère, en adoration. C'était réciproque d'ailleurs, puisqu'elle m'a bordé et bécoté tous les soirs «Bonne nuit» jusqu'à l'âge de quatorze ans. J'étais aussi très sage. Surtout parce que l'aîné doit donner l'exemple, mais aussi parce que la plus grande des calamités du monde pour moi, c'était de faire pleurer maman. C'est encore un de mes talons d'Achille.

J'étais aussi très rêveur et tellement distrait que grand-maman Voyer m'appela vite «Coco la lune». Les ciseaux au réfrigérateur et la pinte de lait dans l'armoire étaient des classiques chez moi, tout comme d'oublier pourquoi on m'avait envoyé chez l'épicier du coin. Vers treize ans, un samedi matin, comme j'avais encore oublié mes commissions, l'épicier rappela ma mère pour se faire répondre : «Mais... je ne l'ai jamais envoyé à l'épicerie! Qu'est-ce qu'il fait là?»

Dans la famille, on parlait tout autant de ma curiosité. J'aurais fait ma première grande colère publique à l'âge de trois ans, juste après le dîner, en plein sur la ligne blanche de la rue Lafontaine, la rue principale de Rivière-du-Loup. Je m'y étais assis, braillant de rage, parce que Nicole, ma cousine et sœur aînée, n'avait pas répondu à l'une de mes questions. Dès que j'eus appris à lire, je passais mes vacances d'été tant à Trois-Pistoles qu'à Rivière-du-Loup, à l'intérieur, à dévorer les deux éditions de l'*Encyclopédie de la jeunesse* que possédaient mes grands-parents. Chez les Voyer, c'était une édition des années cinquante; à Trois-Pistoles, celle de 1923! Que je trouvais extraordinaires tous ces contes, ces histoires et ces informations hétéroclites allant de la cueillette des perles naturelles à la pasteurisation du lait en passant par l'imprimerie!

Tellement que, pour mon neuvième anniversaire, mon père inquiet pour ma future masculinité, d'autant plus que j'étais plutôt malingre, me fit cadeau d'un équipement complet de hockey, moi qui n'avais jusque-là jamais patiné. Au printemps suivant, comme sans raison, il m'offrait deux magnifiques gants de voltigeur de baseball.

– Pourquoi deux gants, papa ?

– Parce que je vais te montrer à jouer, mon Jacquot, et parce que les petits voisins n'en ont pas.

– Et alors ?

– Mais voyons, ma belle lune : on se lance pas tout seul au baseball !

J'ai tout de suite adoré ça et je me suis très bien débrouillé dans tous les sports que j'ai essayés. J'avais un très gros avantage sur la compétition : j'aimais autant m'entraîner que jouer. Ça s'appelle aussi la patience et la persévérance, deux *must* pour composer éventuellement, au jour le jour, avec un handicap majeur.

Plus qu'à mes succès scolaires, je dois aux sports d'avoir vaincu ma timidité. Parce que les petits gars admirent beaucoup plus les bons joueurs que les premiers de classe.

Avec la puberté, je me suis mis à allonger sans arrêt. Et jusqu'à l'âge de dix-sept ans, alors qu'à six pieds, deux pouces la croissance se calma, je dus marcher la plupart du temps les pantalons à marée haute, parce que maman ne suffisait pas à la tâche. J'étais si mince qu'à «Coco la lune» succéda «Grand flagzo», comme on appelait les grands élancés dans le Bas-du-Fleuve. Au hockey, ce fut l'hécatombe. Il me semblait que tous les petits raides trapus de la planète s'étaient rassemblés dans les équipes adverses pour me faire planter au moindre choc des patins.

Psychologiquement, engagé comme tous les autres ados dans la définition progressive de mon identité, je commençai à me distancer un peu de la famille.

Ma première crise en fut une de triage d'identités, alors que je me mis à tenter de différencier les vrais *mononcles* et *matantes* des faux. Parce que, depuis l'enfance, on avait la manie d'affubler de ces appellations tous les adultes qui fréquentaient le moindrement la famille. La crise se résolut d'ailleurs assez simplement en ne dépossédant personne de son titre.

Nicole, Claire, Claude, Jacqueline, Pierre et moi avons tous gardé de cette enfance le souvenir d'une vie rythmée par les cloches de l'église, les marées, les saisons et le calendrier liturgique. Nous étions la priorité de ces deux familles attentives et généreuses. J'ai gardé pour ma société familiale du Bas-Saint-Laurent d'alors une reconnaissance et une affection éternelles et proprement mythiques. Tellement que je suis resté longtemps avec l'impression que tout le monde était bon et gentil, sans grand sens de la bêtise et de la méchanceté.

Une naïveté à laquelle je suis resté très fidèle et qui, somme toute, m'a plutôt bien servi.

5

Dans l'attente des ambulanciers, incrédules et horrifiés, Claire, Claude, Denis et moi vivons un siècle en quinze minutes.

Et «Je vais me réveiller... C'est un cauchemar! Ça ne se peut pas!» alterne avec «Je vais perdre Zazou! Elle ne pourra pas le prendre. Aucune fille de vingt ans ne peut endurer ça!» Mais en même temps : toujours rien. Mes jambes... Mes bras... Mes doigts... Tout mon corps. Rien ne bouge. Et puis rien dans la gorge : pas de boule malgré l'horreur. Pas de vide dans l'estomac non plus. Pas de nausées. Pas de mal au bas-ventre. Rien de l'habituelle tension musculaire quand j'angoisse, que je suis apeuré, chagriné, honteux ou coupable. Rien! Rien! Rien! Je ne souffre que dans ma tête. Rien ne suit plus bas!

Je sens que c'est grave. Je ne le sais pas. Je le sens. Après deux ans de médecine, on n'a pas encore vu de patients. Toutes mes connaissances sont livresques. On ne pose pas de diagnostic. Je le sens. C'est tout. C'est tout, mais cette impression s'installe de plus en plus dans ma tête.

L'agent Yves Charbonnay, policier-ambulancier de la ville de Sainte-Foy, se penche vers moi :
– Qu'est-ce qui ne va pas, Jacquot?
– C'est grave, Gros Minou, j'espère juste que c'est une commotion spinale, mais j'ai le cou cassé. Je suis complètement paralysé, je ne sens rien du tout. Amène-moi à l'urgence de l'Enfant-Jésus au plus vite!
– L'Enfant-Jésus, c'est pas l'hôpital de notre secteur, lui lance son coéquipier... Nous, c'est l'Hôpital Laval.
– Gros Minou, que je lui dis calmement, c'est à l'Enfant-Jésus, la neurochirurgie post-traumatique. De toute manière, à l'Hôpital Laval, ils vont m'envoyer là... Dis à ton *chum* de serrer son *red tape*, pis amène-moi là.
Gros Minou, impératif, rétorque :
– On s'en va à l'Enfant-Jésus. Je m'occuperai du chef.
Gros Minou! Le premier ami que je me suis fait après le déménagement de la famille à Québec. On s'est rencontrés justement sur le bord d'une piscine. Celle de Sainte-Ursule, notre paroisse. On a fait du sport ensemble, du hockey, du tennis. Et puis surtout, on a tellement fantasmé à haute voix sur les filles, durant cette puberté qui nous «hormonait» tant. Quand je pense à toutes ces grosses menteries... Nous étions normaux.

* * *

À l'urgence de l'Hôpital de l'Enfant-Jésus, j'essaie de renvoyer aux oubliettes l'interne venu m'examiner :
– C'est beaucoup trop grave pour un interne. Appelle ton patron!

Il résiste pourtant, et poliment. Avec une espèce de :
« Écoute, tu es inquiet. Ça se comprend. Laisse-moi
d'abord faire mon travail. »
Ça me sera utile un jour, mais, quand je serai docteur.
J'en suis très loin. J'ai toujours tellement voulu en être
un. Oh! j'ai peur.
Et puis papa arrive. Inquiet. Mon atterré de papa à qui
je voudrais tant dire, comme quand j'étais tout petit :
« Sors-moi de là! » Mais tout ce qui m'échappe, c'est :
– Je t'aime, papa.
– Oui. Oui, qu'il répond comme dans « c'est pas le
temps de parler d'amour à son père ».
Apparaît ensuite le neurochirurgien. Le docteur
Leblanc. Un grand et bel homme, à la tenue impeccable
et à la voix posée légèrement grasseyante, qui me dit,
après avoir écouté l'interne et terminé son propre
examen :
– On va vous installer des pinces de Crutchfield pour
immobiliser votre cou. Elles seront fixées aux os de
votre crâne et reliées à des fils constamment gardés sous
tension par des poids à la tête de votre lit. Comme ça,
votre cou sera fixe et la fracture des vertèbres pourra
guérir.
– Les vertèbres, ce sont des os, docteur... Et pour la
moelle épinière?
– Chaque chose en son temps, jeune homme. Pour
l'instant, il est trop tôt pour dire ce qu'il en est de la
moelle épinière. On va d'abord s'assurer qu'elle n'est
pas comprimée par des os brisés. Il faut vraiment libérer
le canal. C'est le plus important.
Quelques minutes plus tard, penché sur moi, il sue à
grosses gouttes tout absorbé à la tâche. Sous anesthésie
locale, il enfonce deux fois le vilebrequin pour percer

l'os de ma boîte crânienne à mi-chemin entre ses deux surfaces osseuses, de chaque côté, en parasagital.

Je l'implore, le ton faussement blagueur, surtout inquiet pour ma matière grise en dessous :

– Aye! docteur, faites bien attention de ne pas passer tout droit, hein!...

* * *

La soirée et la nuit se passent aux soins intensifs.

J'en retiens surtout ce magnifique visage d'infirmière, plein de sollicitude, au regard bleu, version brume tôt le matin, qui vient régulièrement m'examiner avec son ophtalmoscope.

– Je viens juste vérifier l'œdème cérébral. Des fois, dans les traumatismes de la moelle épinière, le cerveau enfle dans la boîte crânienne. Ne t'inquiète pas. Ça ira bien. C'est très rare.

Malgré mon cauchemar, je ne peux m'empêcher d'être frappé par sa beauté, mais de remarquer aussi la tristesse de son regard. Je finis par lui dire :

– Pourquoi de si beaux yeux sont-ils si tristes?

Elle ne répond pas. Peut-être trop timide, plus probablement professionnelle, une attitude que j'allais apprendre à adopter plus tard, avec mes patients, quant à la divulgation de mes sentiments, de mes opinions et de ma vie personnelle.

Vers la fin de son quart de travail, elle lâche mon fond d'œil pour me regarder dans les yeux, toute proche, la moiteur de son souffle chaud se mêlant au mien.

– C'est toi, Jacques, l'ami de Zazou?

– Tu me connais?

– Oui, je suis l'ex de Charles D... Celui qui va marier Guylaine, la sœur de Zazou.

– Comment a-t-il pu lâcher de si beaux yeux ! que je lui dis tout émoustillé malgré l'horreur de ma situation.

– T'es fin… Bonne chance.

Elle me le dit et je sens comme un regret entre nous. Comme dans certains flirts. « Tu parles d'un charmeur, que je me dis, mi-souriant. Flirter en plein œdème cérébral aux soins intensifs. Vraiment, Voyer ! »

Fin de la récréation. Ma distraction se dissipe d'un coup. L'horreur retape, montant de deux crans. « Je vais perdre Zazou ! Mais qui voudra de moi ? Paralysé ! En fauteuil roulant ! Impuissant sexuellement ! Il faut que je m'en sorte ! »

Et puis, on m'amène à ma chambre. Drôle de lit : Un *circle bed* qu'ils appellent ça. Comme une double grande roue motorisée, qu'on fait tourner de cent quatre-vingts degrés aux deux heures pour que je me retrouve sur le dos, puis sur le ventre, toujours en sandwich entre deux civières.

On m'explique :

– C'est pour prévenir les plaies de lit.

– Les plaies de lit ? que je répète encore plus terrifié. J'ai vingt et un ans et voilà qu'on doit voir à ça chez moi ?

– Oui, Jacques. Quand la peau subit une pression de plus de vingt-deux millimètres de mercure pendant plus de deux heures sans qu'on bouge, les petits vaisseaux sanguins qui l'irriguent se bloquent. Les tissus ne sont plus oxygénés par le sang et ils meurent. Toutes les cellules ont besoin d'oxygène, comme tu sais. Celles de la peau aussi.

C'est un cauchemar. Ça ne se peut pas… Il faut que je me réveille !

Mais le même constat persiste : rien…

6

Et puis des tuiles. Des tuiles. Encore des tuiles…
– S'il vous plaît, garde Léveillé… Combien de tuiles après le pot bleu?

De sa jeune vingtaine joliment potelée, l'infirmière fixe naïvement le plafond. Absorbée, elle répond, gentiment :
– Sept, Jacques, et ajoute comme les autres avant elles : huit trous par vingt-quatre.
– La dernière aussi?
– La dernière… Attends… huit sur dix. Oui, huit trous sur dix, Jacques.
– Merci. Et de l'autre côté, du bord de la fenêtre?
– L'autre côté… Attends un peu.

Elle traverse la chambre, fixant à nouveau les tuiles insonorisantes.
– Du bord de la fenêtre… Il y en a aussi sept, toutes vingt-quatre trous sur vingt-quatre. Elles n'ont pas été coupées.
– La dernière aussi?
– La dernière… Vingt-quatre sur dix-neuf. Attends! Un, deux, trois… douze, dix-sept, dix-neuf, oui. Vingt-quatre sur dix-neuf. C'est ça.
– Merci beaucoup.

– Il n'y a pas de quoi, Jacques.

Je retourne à mes savants calculs, non sans reluquer encore, discrètement j'espère, les jolies formes potelées à la Rubens de garde Léveillé. «24 x 19..., 9 x 4 = 36..., 9 x 2 = 18, 2 x ..., 18 + 3 = 21 : ça fait 456...»

C'est ainsi que j'essaie de passer le temps dans la chambre 318, côté nord du service de neurochirurgie de l'Hôpital Enfant-Jésus : en faisant le décompte des trous des tuiles insonorisantes du plafond. Et ce, pendant les deux heures *sunny side up* façon *circle bed*, dans cette nouvelle vie à l'horizontale d'homme-sandwich, avant de retourner pendant deux autres heures contempler le terrazzo.

Compter les trous des tuiles pour me distraire de l'horreur et de l'impuissance qui continuent. Compter les trous des tuiles pour essayer de contrer celles qui me tombent tous les jours sur la tête. Compter les trous des tuiles à défaut de faire des mots croisés ou des jeux de patience, mes deux distractions avant les examens. Parce que de la petite école à l'université, l'angoisse de l'échec m'a toujours paralysé, et de plus en plus à mesure que je révisais ma matière. Il n'y avait que ces deux activités pour me «déparalyser».

Mais là, j'avais l'impression d'avoir tout échoué et d'être enfoui sous des tas et des tas de tuiles.

* * *

Par exemple, comme première tuile de la journée, une toute petite : chaque matin, de purs étrangers me dénudent pour me laver. Peut-être suis-je un beau grand garçon de vingt et un ans, mais j'ai une nouvelle pudeur. Surtout devant les regards des jeunes infirmières attristées. «Est-ce que c'est fini, pour moi, la beauté des femmes avec ce résidu de corps?»

Et puis, cette constante envie de déféquer. Une sensation fantôme. Elle n'a pas sa raison d'être, je ne sens rien en bas des mamelons, mais elle durera huit-dix mois encore. Je l'expulserai alors mentalement.

Les premiers jours, on vérifie, pour me répondre :

– Non, Jacques. Il n'y a rien.

Je n'aime pas trop le geste, mais je me dis qu'un doigt ganté dans l'anus, c'est comme ça qu'après cinquante ans on vérifiera l'état de ma prostate. « Et puis, après tout, comme docteur, je vais le faire à des centaines d'autres hommes. Et je sourirai à la longue de leur gêne », que je me dis.

Mais après une semaine, l'infirmière-chef m'annonce :

– Là, ça fait trop longtemps que ça dure. On va te faire une stimulation de l'ampoule rectale.

– Il va falloir me faire ça ? (Je suis horrifié et dégoûté.)

– Oui.

Non seulement je ne pourrai plus jouer au golf et au hockey, nager, courir, marcher, faire l'amour comme tout le monde, mais je vais devoir supporter ça en plus. Déjà que le maudit cathéter, au lieu de pisser, ça m'écœure ! Ça en plus ? Vite que je me réveille ! C'est un cauchemar !

La panique, le désespoir, le dégoût, la honte. Je passe intensément à travers un arc-en-ciel de… douleurs morales jusque-là insoupçonnables pour moi.

Et je croyais qu'il n'y avait rien de pire dans la vie qu'un examen de mathématiques. Rien ne bat un grand malheur pour vous faire apprécier votre petit quotidien.

J'essaie de me distraire de mon malheur avec mes savants calculs inutiles. Je ne sais toujours pas combien de trous il y avait dans les tuiles de cette chambre…

Il y a aussi dormir. Beaucoup dormir. Jusqu'à douze et même quatorze heures par jour. Comme dans : «Et s'il y avait des cauchemars qui finissent par disparaître à force de dormir?»

On m'a proposé des lunettes à prismes pour pouvoir regarder la télé, la tête dans un carcan et à l'horizontale. Dix minutes d'un film d'amour et une publicité de bière avec des belles filles et des jeunes gars de mon âge batifolant autour d'une piscine suffisent : ça ne me distrait pas du tout et, pire, ça me confronte avec mes pertes. Trop vite et trop intensément. Au tiroir donc, les lunettes à prismes, en ayant acquis à jamais la conviction que la télévision, à part les reportages sur les guerres et les famines, c'est l'insatisfaction généralisée par comparaison avec son propre sort.

*　*　*

Il y a aussi les visites.

Papa vient tous les jours. Il reste atterré. Il essaie gauchement de ne pas me le montrer. Moi aussi. Le malheur ne change pas tout, quand même. Chacun de nous garde sa petite gêne. Comme avant.

Cette fois, j'en sais plus que lui.

Il interpelle un de mes deux neurochirurgiens :

– Docteur, qu'est-ce qu'il a, mon gars? Vous pouvez tout me dire, je m'attends au pire.

Le chirurgien, dupe de son air et de sa ronde carrure assurée, l'informe alors qu'il y a de fortes chances que je reste paralysé des quatre membres et cloué à un fauteuil roulant pour le restant de mes jours.

Mon père s'évanouit.

– Le pire, pour moi, Jacquot, c'était que tu restes six mois à l'hôpital et que tu perdes un an d'études de médecine. Mais jamais une grosse affaire de même! me confiera-t-il plus tard.

Que des larmes pour réponse.

Je ne veux pas voir maman. Pauvre maman! Je me suis toujours senti si proche d'elle. Et puis, j'ai toujours tellement aimé lui faire s'illuminer les yeux et s'épanouir le sourire.

– Je ne peux pas la voir pleurer. J'ai assez de problèmes comme ça! que je déclare, l'air fâché.

Finalement, j'accepte qu'elle vienne. Je crois qu'elle ne s'est pas encore remise de cette première visite. Mes sœurs et mon frère Claude viennent aussi. Tout le monde garde sa petite gêne. Pierrot, le petit dernier de dix ans, ne vient pas. Il est au camp scout. Il y reste parce qu'on ne lui a pas appris mon accident. Il ne nous le pardonnera jamais.

Je n'ai pas voulu voir Zazou tout de suite. Après cinq jours, je me sens prêt. Elle entre dans la chambre et me fait un petit sourire. Malgré tout, comme si de rien n'était. Je feins un air des plus décidés et, après son bécot :

– Tu vois la porte? Eh bien, prends-la et va refaire ta vie. Tu n'as pas à vivre ça toi aussi!

Elle sort. Trente secondes. Elle revient. Elle me regarde droit dans les yeux. Je ne lui connaissais pas cette détermination.

– Tu dis que tu m'aimes? Eh bien moi aussi je t'aime! Laisse-moi vivre cela avec toi. Je ne sais pas combien de temps je resterai. Trois semaines? Trois ans? Trente ans? Je ne sais pas. Mais au moins respecte mon mal. Ne me laisse pas toute seule là-dedans.

Et je l'ai trouvée encore plus belle. Jamais je ne l'oublierai.

Nous avons vécu beaucoup trop jeunes la passion du désespoir.

*   *   *

Il y a aussi mes amis et des filles et des gars de la classe. Ceux qui osent.

Je leur lance presque à tous, amer et frondeur :

— Regardez-moi bien, parce que si c'est pour être comme ça, ce ne sera pas long. La mort, et vite. Je ne niaiserai pas avec la *puck*.

Il leur a fallu beaucoup de courage et de générosité. Bien peu ont résisté.

Mais il y a le Chat et Jack Frenette.

7

Un samedi soir, vers vingt-deux heures, trois semaines après l'accident, la grande roue électrique du lit-sandwich s'arrête au beau milieu de la rotation, à la verticale. Je suis donc debout. Jusque-là, ces trois ou quatre secondes à la verticale de la lente volte-face étaient intenables pour moi. Je me sentais très faible, avec de plus en plus de toiles d'araignée qui brillaient devant moi.

Mais cette fois, la verticalité dure. Trente secondes plus tard, les toiles s'épaississent et... je m'évanouis, pendant que le préposé me crie :

– Pars pas, Jacques! J'essaie de trouver la crisse de manivelle. Pars pas, Jacques!

À mon réveil, quelques minutes plus tard, l'infirmière-chef m'explique que j'ai été victime de ce qui n'était jusque-là pour moi qu'un concept : l'hypotension ortho-statique.

– Quand tu te retrouves à la verticale, tes artères ont perdu leur capacité de se contracter. Alors, ton sang descend d'un coup et s'accumule au bas de ton corps. Ton cerveau en vient à manquer d'oxygène. C'est l'éva-nouissement.

– Est-ce que c'est à cause de la blessure à la moelle épinière ou c'est parce que je suis toujours couché?

– L'alitement continu affaiblit. Ça aggrave le réflexe orthostatique que tu as perdu à la suite de ta lésion.

– OK… En attendant, pour le retour sur le dos dans deux heures, le problème électrique… il sera réparé?

– Non, Jacques. C'est samedi soir et il n'y a plus de technicien de garde. On ne sait pas encore ce qu'on va faire… Mais ne t'inquiète pas, ça va s'arranger.

– Je récapitule : si vous me laissez à plat comme ça toute la nuit, je vais faire des plaies de lit, alors que si vous me tournez à la manivelle, mon cerveau va encore manquer d'oxygène.

– Pas tant que ça… On va trouver une solution.

– Comment ça, pas tant que ça? J'ai bien assez d'être «quad». Je ne veux pas en plus être légume! S'il vous plaît, composez-moi le 654… tout de suite.

– C'est le numéro de qui, Jacques?

– Celui du Chat.

* * *

Le Chat. À la rentrée scolaire de 1966 au collège des jésuites, il arrivait d'Abitibi et moi, d'un autre collège de Québec. Nous avions dix-sept ans. Je m'étais obligé à changer d'institution parce que l'année précédente, pour la première fois, j'avais connu l'école mixte. Je tombais trop souvent amoureux. Et il me fallait des notes et moins de pâmoisons du cœur pour entrer en médecine.

Petit, mince, mais «narfé», comme on qualifiait, dans le Bas-du-Fleuve, les gens beaucoup plus forts que leurs muscles ne l'annoncent, il avait le visage accueillant, avec des verres très épais et un début de calvitie sur sa tête châtain clair. Le petit sourire qu'il affichait constamment devenait vite narquois et amusé devant mes nombreuses exagérations en paroles. Ça finissait toujours par : «*Wo! wo!* le grand!»

J'appréciais sa gentillesse et son jugement qui dépassait nettement celui de la moyenne des collégiens, en tout cas le mien. Très sportif aussi, il pratiquait des sports différents des miens. À part son temps avec Céline et moi avec Zazou, c'est tout ce que nous ne partagions pas. La cerise, c'était cependant ses talents de petit débrouillard, de réparateur en tout. À sept ans, il démontait, puis remontait le grille-pain. «Quel contraste avec son père», me disait sa mère.

– Bonsoir, madame, c'est Jacques. Oui, oui, je vais bien. Oui, oui, ça devrait aller mieux. Je vous remercie beaucoup. Dites-moi, madame, j'ai un petit problème à l'hôpital. Est-ce que le Chat est là?

– Non. Il est avec Céline.

– OK. Pourriez-vous lui demander de me rappeler en neurochirurgie à l'Hôpital Enfant-Jésus? Merci beaucoup. Bonsoir.

Quinze minutes plus tard, on me place le récepteur à l'oreille. Vingt minutes encore et mon ami le Chat rapplique avec son coffre à outils.

– Allô, le grand! Inquiète-toi plus de rien. Je regarde ça, qu'il me lance en examinant le lit.

Après quelques tests, il m'annonce, ainsi qu'au préposé encore tout énervé de l'incident, que le moteur est brûlé. Il ajoute :

– Avez-vous des moteurs de rechange? C'est facile à changer.

– J'y connais rien, mon jeune. Je peux vraiment pas te dire.

– Est-ce que quelqu'un a la clé de l'atelier du technicien?

– La Sécurité sûrement.

– Voulez-vous appeler un gardien, s'il vous plaît. Je voudrais aller voir ça.

Une heure après, couvert de poussière, il réapparaît transportant fièrement un nouveau moteur.

– Je l'ai récupéré d'un autre *circle bed* de la réserve, grâce à ce bon monsieur, me dit-il en désignant le gardien.

* * *

Tous les soirs après Zazou, Jack Frenette, que je connais aussi depuis le collège des jésuites, vient à mon chevet et y reste jusqu'à ce que je m'endorme. Il est aussi grand que moi, mais beaucoup plus costaud et beau garçon. Dès le début on s'était estimés, mais l'amitié s'est fait attendre jusqu'en deuxième année de médecine. C'était à la fin de l'année, durant ma campagne pour la présidence de l'Association des étudiants. On m'avait attiré avec la carotte habituelle : sans moi, tout irait très mal. Le danger s'appelait Benoît X : «Un marxiste à la Che Guevara, mon Voyer. Tu te rends compte, pour l'image de la faculté, si on voit à la télévision le président avec sur la tête le béret du Che!»

Ma seule condition avait été que Jack soit le candidat à la vice-présidence. Je me savais populaire, mais je n'ai aucun sens politique, alors que Jack était surdoué dans le domaine. Naïveté oblige.

Battu à plate couture, Benoît X n'attendra que quelques mois pour gagner une place dans la petite histoire. C'est le seul étudiant en médecine de tout le Québec à avoir été arrêté durant la crise d'Octobre! Il y avait de quoi : il possédait un exemplaire des pensées de Lénine ou du Che dans sa bibliothèque…

40

Pour en revenir à Jack, après m'avoir tenu la main pour ma première et dernière entrée en politique active, il fut le seul auquel je parlai ouvertement de toutes mes détresses, parce que je voulais ménager les miens et parce que les autres candidats, testés une première fois, ne se représentèrent plus aux visites.

– Jack... Crisse! Ça n'a pas de bon sens. J'ai la chienne! Je ne peux pas vivre comme ça! Jack... Qu'est-ce que j'ai fait au bon Dieu? Crisse!

– Jack... Je ne peux pas passer le reste de mes jours assis sur quatre roues à m'obstiner avec des poignées de porte et des escaliers... Faire pitié Jack, tu te rends compte, je vais faire pitié!

Ou encore :

– Je vais aussi perdre Zazou! Jack... Je ne sens rien en bas des mamelons! Jack... Si je reste comme ça, je ne pourrai pas avoir d'enfants!

– Jack... Je veux marcher courir, patiner, nager, jouer au golf et... baiser, baptême!

– Jack... Qu'est-ce que j'ai fait au bon Dieu? Crisse!

* * *

Quatre semaines après l'accident, le docteur Francœur, mon autre neurochirurgien, me confirme que la paralysie est très probablement définitive. Il ajoute :

– Écoute, Jacques. Maintenant, tu ne respires qu'avec ton diaphragme. Il y a de fortes chances que tu fasses une infection pulmonaire parce que tes muscles intercostaux ne fonctionnent plus. Comme leur nom le dit, ce sont les muscles qu'on a entre les côtes et qui permettent d'expulser l'air avec force quand on tousse. Tu ne peux donc plus tousser efficacement. Mais ne t'inquiète pas : on va te faire une trachéotomie et te donner des antibiotiques. Tu vas survivre à ça sans problème.

Je lui réponds selon ma plus récente devise : «La mort plutôt que la paralysie!»

– Docteur Francœur, rendez-moi service. J'ai eu une très belle vie jusqu'ici. Je m'en rends compte. J'en suis très reconnaissant aux miens, à Dieu et au diable, mais s'il vous plaît... pas d'antibiotiques! Pas de trachéotomie! Donnez-moi juste des calmants, que je ne souffre pas. Ce sera parfait. Et n'en parlez surtout pas à mes parents. Je ne les veux pas à genoux au pied de mon lit. Je ne pourrai pas tenir.

Le même soir, j'en discute avec Jack :

– Tu te rends compte, Jack! Passer ma vie comme ça? Pas vingt ans! Pas deux ans! Pas deux mois! Alors vite, le pneumocoque! Qu'y fasse sa job et que ça finisse! Mais le pire, Jack, ça va être papa et maman... Je les connais : ils vont me supplier. Ils vont pleurer. Mais ils ont cinq autres enfants, Jack. Il va falloir qu'ils se raisonnent. Je ne peux pas passer ma vie à ne rien faire d'autre que d'attendre la mort en faisant pitié!

Mais le pneumocoque tarde et je monte d'un cran dans ma désespérance :

– Jack... L'infection pulmonaire, elle ne vient pas! Comment je vais faire pour mourir? Je ne peux pas vivre comme ça, Jack. Mais tu te rends compte : je ne peux même pas tirer sur la gâchette d'un revolver. Et puis, il faudrait d'abord me l'apporter. Même chose pour une bouteille de poison ou un cocktail de pilules : il faudrait aussi me l'apporter puis qu'après j'arrive à dévisser le bouchon... Dis donc, mon Jack, est-ce qu'il va falloir que j'attende d'être au bord d'un ravin ou d'un quai... ou d'un escalier monumental? Mais je risquerais de me retrouver encore plus estropié qu'autre chose. Ah oui... l'électrocution, Jack. Oui, l'électrocution dans mon bain.

Comme le chanteur français... Claude François. Mais il faudrait encore que quelqu'un apporte la lampe au bord du bain... Après... Oui, Jack, comment va-t-elle se sentir, cette personne? Non, Jack! Non! je ne peux faire ça à personne. Bon bien... Bon... Il me reste la grève de la faim... Non, Jack, pas ça. Je suis trop gourmand...

Et puis, tout à coup, un autre sujet passe au premier rang du *hit parade* de mes nouvelles angoisses :

– Jack! Si je reste comme ça, ils ne vont pas me reprendre en médecine. Tu te rends compte que c'est depuis l'âge de sept ans que je rêve d'être docteur. À l'époque, je me souviens, je demandais du boudin à tous les repas parce que je voulais dominer ma peur du sang! Jack, c'est épouvantable. Je ne veux pas faire autre chose que docteur dans ma vie.

Pour toute réponse, Jack sourit, puis m'annonce d'une voix calme :

– Demain soir, le docteur Bélanger, le vice-doyen de la faculté, voulait justement venir te voir. Peut-être que tu pourrais lui en parler?

Le lendemain, j'ai la visite du docteur Claude Bélanger. Après quelques commentaires d'usage mais bien sentis, il me déclare simplement :

– Jacques, je suis venu te dire de la part des autorités de la faculté que des gens dans des conditions semblables à la tienne ont fait des cours de droit et d'architecture. Nous, si ça t'intéresse, nous sommes prêts à te reprendre. Tu y réfléchis sérieusement, d'accord?

– C'est tout réfléchi! Merci. Merci beaucoup, que je réponds avec des larmes et des sanglots dans la voix.

Quadriplégique ou pas, je serai de retour à la faculté l'an prochain. Nombreux sont ceux qui, par la suite, m'ont parlé du courage de ma décision de poursuivre mes études en médecine, puis dans une spécialité. Je sais maintenant que chez moi le courage et la peur sont siamois. C'est la peur de perdre ma vie à ne rien faire qui m'a donné tous les courages.

Mais plein d'autres ritournelles désespérées revenaient sans cesse. Jack n'avait pas toujours de solutions, mais j'ai encore en mémoire son regard gentil, parfois narquois, toujours attentif. À lui, je disais tout lorsque, soir après soir, il revenait et restait jusqu'à ce que je m'endorme. Je me sentais compris et pas tout seul avec ma peine. Quelqu'un pouvait l'entendre.

Jack fut mon premier thérapeute.

Comme le Chat et tous les amis que j'ai eus avant l'accident ou après, Jack est de la sorte d'être généreux comme je les affectionne. Donner ne lui enlève rien.

Dans mon cœur, jusqu'à mon dernier souffle, je n'oublierai jamais que le Chat et Jack sont les deux seuls gars à être restés avec moi dans la fosse aux lions.

Ah oui : je n'ai pas eu d'infection pulmonaire.

J'en suis maintenant très content. Mais Dieu que j'espérais mourir !

8

Le 16 septembre, le lendemain de mon anniversaire, me voici à l'Institut de réadaptation de Montréal. J'y suis venu pas tant en raison de sa réputation internationale comme pionnier dans son domaine, mais plutôt parce qu'il est situé à Montréal. Pas question pour moi de rester à Québec après toutes ces années à rêver de devenir médecin. À imaginer, en l'idéalisant encore, ce premier jour où je déambulerais fièrement dans un corridor d'hôpital, stéthoscope au cou, en sarrau, comme le nouveau séminariste dans l'allée centrale de sa cathédrale. Un jour que je vivrais plutôt en t-shirt et en short, assis, tout chambranlant sur un matelas d'exercice, levant des petits haltères et obsédé par l'apparition de gars et de filles de ma classe, fiers d'être stagiaires mais gênés de défiler devant moi ? Ç'aurait été pire que tous les grands pans de ciel qui m'étaient tombés sur la tête cet été-là !

Ad vitam novam, c'était la devise à l'entrée : «Vers une vie nouvelle». «Même quand on ne veut rien savoir de leur maudite vie nouvelle ?» que je me disais, étendu sur une civière à l'admission.

Je suis entouré de fauteuils roulants. Je n'en ai jamais tant vu. Que des fauteuils roulants. Parce que je remarque à peine les êtres assis dedans.

«Je veux bien les soigner, mais pas question d'être comme eux!»

* * *

Au souper, alors qu'on m'alimentait jusque-là à la petite cuillère, apparaît M. Langlois, un infirmier auxiliaire. De taille moyenne, solidement bâti, les cheveux poivre et sel lustrés au Brylcream, il arbore un sourire en coin quasi perpétuel. C'est un vétéran de la Deuxième Guerre mondiale. Il n'a gardé de ses expériences de démineur qu'une petite fibrillation auriculaire.

– Mon jeune, ce soir, c'est ta réadaptation qui commence.

Là-dessus, il me plie légèrement une cuillère à soupe, me la «bandelette» à la main, puis glisse un plat de bœuf en sauce à la «IRM» (sauce dans laquelle baignait tout ce qui n'était pas grillé). Le sourire encore plus narquois, mais gentil, il me lance :

– Vas-y!

Moi qui pensais jusque-là détester me faire nourrir, je me surprends encore : je m'y suis habitué. Mais je n'ose protester. M. Langlois a le sourire trop décidé : je sais que je vais perdre!

Je laisse plonger ma main vers l'assiette. Elle passe au-dessus. Sans rien toucher. M. Langlois sourit légèrement :

– *Strike one!*

Au deuxième essai, un peu de sauce et de carottes tombent sur les draps.

– *Strike two!* s'exclame encore l'amateur de softball.

Au troisième essai, très irrité par ce défi insignifiant, comme on ne m'en a plus adressé depuis que j'ai lâché ma suce, j'y mets toute ma concentration sportive, et mon attrapé de carottes, bœuf et sauce atterrit sous mon menton et me dégouline dans le cou!

– Fausse balle! me lance l'infirmier auxiliaire en m'essuyant. T'es pas mort. Tu retournes au bâton.

Après un «Ah ben, là, baptême!» rageur, et encore plus décidé, au quatrième essai, je réussis! M. Langlois, content, s'écrie :

– *Home run! Right in the kisser!*

La prochaine pelletée est cependant pour lui, ou plutôt pour le blanc immaculé de son pantalon. Roulant mes *r* comme Michel Normandin, légendaire commentateur sportif, je lui lance alors :

– Oh, mesdames et messieurs : l'arrrbitrrre est blessé… Oui, il saigne! Une bonne main d'applaudissements pourrr le joueurrr!

* * *

Le lendemain matin, après la toilette, on vient m'asseoir pour la première fois dans un fauteuil roulant. Jusque-là, j'étais couché ou semi-assis au lit. On m'explique que la peau de mes fesses semble bonne et qu'on peut donc commencer à les entraîner, c'est-à-dire à les habituer à soutenir la position assise pour des périodes de plus en plus longues. Autrement, en deux ou trois heures, le seul poids de l'hémicorps supérieur finit par bloquer les mini-vaisseaux d'une peau de fesses qui ne bougent pas. Mal irriguée, elle s'asphyxie et meurt. C'est ce qui donne les plaies de lit.

À deux hommes, on me dépose dans mon fauteuil.

«Ça y est, je suis devenu moi aussi un handicapé», que je me dis.

* * *

Je ne le crois pas.

Rien! Rien! Rien!

C'est comme si je flottais sur une chambre à air... dans l'eau. Oui... flotter sur l'eau! Mais je suis dans un fauteuil, sur un plancher de terrazzo! Tout le reste de mon corps est bien là... Mais c'est comme si ce n'était pas moi.

Après quelques minutes, je me sens faible. Je vois comme des toiles d'araignée lumineuses... On me recouche. Ma pression sanguine est trop basse. Encore l'hypotension orthostatique. Quant au reste :

— T'as la peau très douce, mais très résistante. C'est parfait pour l'amour et pour la quadriplégie! me lance garde Lapointe, l'infirmière-chef de soirée, une toute petite femme boulotte, qui claudique sur ses genoux fatigués, sans jamais arrêter de parler.

Elle aussi est originaire de Rivière-du-Loup, ville qu'elle a quittée quarante ans plus tôt. Mais elle ne cesse de m'inonder des dernières nouvelles locales puisqu'elle est toujours une abonnée du *Saint-Laurent*. Elle m'appelle «Ti-Baptiste», depuis qu'elle m'a dit :

— T'es pas laid, mais quand j'avais vingt ans et que ton grand-père Baptiste en avait quarante, maudit que j'aurais mis mes pantoufles sous son lit! Tu te rends compte, une petite infirmière de vingt ans avec un père de famille ayant quinze enfants? Quel scandale! J'aurais adoré ça!

* * *

Je ne parle à personne d'autre qu'aux membres du personnel. Quand un fauteuil roulant passe devant ma porte de chambre, je tourne la tête vers la fenêtre, faisant comme si j'étais très intéressé par quelque chose à l'extérieur.

Le troisième jour, Jos Laliberté, un paraplégique, conseiller de l'Association des paraplégiques du Québec, entre dans ma chambre et m'aborde même après que j'eus détourné la tête. Rapidement, dans la fraction de seconde précédant le détournement de mon regard, j'ai pu entrevoir un «petit vieux» du début de la quarantaine, avec un haut du corps très athlétique et un regard bleu azur, franc comme celui d'un scout au feu de camp.

Il ne se laisse pas intimider par ce mépris que je crois bien déguisé.

Il s'enquiert de ce qui m'est arrivé. Ayant retourné la tête, je remarque beaucoup la compassion dans son regard. Je lui raconte mon accident et lui demande ensuite :

– Et toi?

Il m'explique que, quinze ans plus tôt, alors qu'il était un jeune bûcheron en Abitibi, un compagnon avait coupé une épinette, puis crié *Timber!* Mais l'arbre tombe sur un plus vieux, tout sec, qui s'arc-boute d'abord, comme pour le retenir. Une situation très dangereuse. C'est le sauve-qui-peut général. Finalement, les deux arbres se lâchent. La petite épinette s'abat au sol, tandis que l'autre se redresse comme une catapulte et projette sa pluie de débris dans l'air. Un chicot de pointe de branche rejoint Jos et le frappe, en pleine course, au bas du dos. Il s'écroule pour ne plus jamais se relever. Il est paraplégique.

– Comment t'as pris ça?

– Je ne l'ai pas pris. Pas pris pantoute! J'ai passé des années soûl ben raide. Pis après...

– Pis après?

– Pis après, j'ai fait un homme de moi et me v'là que me v'là, mon cher. Me v'là à essayer d'en aider d'autres à faire des hommes d'eux autres aussi, mais plus vite ! Faut toujours bien que ça serve, mes niaiseries de jeunesse !

Je ne le crois pas. Ou plutôt, je refuse d'y croire pour moi.

Je ne veux pas être ce genre d'homme diminué par le fauteuil !

Mais en même temps, le regard de Jos est fier... amusé... non, très rieur. Comme celui de mes cousins Rioux de Trois-Pistoles : Lionel, Roger, Jean-Noël. Eux qui, alors qu'ils étaient au début de leur vingtaine agitée et moi, enfant, ne cessaient de me faire rire et rêver avec leurs histoires, leurs gros, gros mensonges et leurs tours de bûcheron. « Du temps où on était des vrais hommes », aiment-ils encore dire.

Malgré tout, quand Jos conclut en m'informant que l'Association des paraplégiques serait toujours là pour moi en cas de besoin, je lui lâche :

– Je te remercie, mais ça ne sera pas nécessaire pour moi... Mais ça va me faire plaisir de faire un don à l'association.

Sans que je m'en rende compte, Jos m'avait apprivoisé. C'est avec lui que j'ai commencé à voir les personnes plus que leur fauteuil roulant.

Je n'ai plus jamais détourné mon visage vers la fenêtre.

Il y eut d'abord Suzanne, vingt-sept ans, mince, ses cheveux noirs très longs et lisses. Ex-secrétaire, elle était devenue paraplégique après qu'on lui eut diagnostiqué, puis extirpé une tumeur de la moelle épinière. Puis Ariane, chaque soir poussée dans son fauteuil par Pierre, son éternel amoureux. Jolie, les mèches blondes et noires impeccables, elle était devenue quadriplégique après qu'il eut perdu le contrôle de leur voiture. Les tonneaux qui avaient suivi leur avaient semblé interminables. Pierre s'était dégagé parfaitement indemne, pour soulever Ariane, désormais totalement inerte des quatre membres. Danielle, serveuse de dix-neuf ans, était de moins en moins paraplégique, se remettant d'une troisième attaque de sclérose en plaques. Il y avait aussi Ronald. Vingt-deux ans comme moi. Étudiant en droit et originaire du Saguenay, il ne cessait de blasphémer et de ronchonner, après s'être rompu l'échine contre une souche en tombant de sa motocyclette. Il faut dire qu'il avait beaucoup trop attaqué la courbe. Personne n'en avait été très surpris vu son impétuosité. André B., jeune électricien de vingt-quatre ans, était devenu quadriplégique durant des vacances au Mexique. Il avait glissé sur le ciment mouillé de la piscine de l'hôtel, et s'était brisé le cou en frappant l'arrière du tremplin. Enfin, Kristos, d'origine grecque, vingt-sept ans, marié et père de deux enfants, aussi électricien, se remettait petit à petit d'une quadriplégie survenue quand il était tombé d'un escabeau au travail. Dans son cas, la chute avait causé une commotion spinale, comme j'en espérais une au sortir de la piscine. Sa moelle n'était pas brisée à jamais. Il allait s'en remettre. On l'enviait tous, tout en étant content pour lui.

Tous ces gens sont devenus mes amis, et je n'ai jamais permis qu'on les méprise.

9

Dans les mois qui suivent, c'est comme si à chaque jour ne suffisait pas ses peines et qu'on remettait ça au lendemain!

À mon réveil (comme encore maintenant), j'ai le réflexe de rabattre une jambe au sol. Rien! «Ah oui. Je suis "quad", que je me dis... Réveille, mon coco!» Puis j'assiste, pour ainsi dire, à mon bain. Au lit et à la débarbouillette. Quatre matins sur sept, M. I., un trapu chauve mais poilu, frisé noir, aux incisives écartées d'un quart de pouce, me le donne. Il me parle constamment en tapotant dans l'eau déjà très tiède la débarbouillette qu'il ne rince qu'à moitié avant de la savonner à nouveau... très... très... lentement. «Chaude, ça m'abîme les mains», qu'il m'explique. En même temps, il me fait le récit de sa dernière soirée et de la recette de Jell-O à la sauce BBQ St-Hubert que lui a préparée sa femme. Quand la débarbouillette est suffisamment froide, il me l'abat sur le visage, gluante, visqueuse. De l'enfance me revient l'horreur que j'éprouvais à me faire laver le visage. «Sinon, tu vas virer en petit nègre et puis les cannibales vont te manger!» me répétait maman. «Non, mais, tout ce que je veux, c'est être avec les gens de ma classe à apprendre la médecine... Je ne veux rien savoir du Jell-O de gorille!» que je me disais, rageur.

Ensuite, c'est l'examen de la peau des fesses. J'espère surtout qu'il n'y a pas de rougeurs qui persistent après la pression du doigt. Sinon c'est le lit pendant deux, trois ou quatre jours, et parfois plus. En attendant que tout revienne à la normale.

Et on remet ça avec le pipi et le caca. Suivent les exercices passifs des jambes ou des pieds pour que mes membres gardent toute leur souplesse. Il faut éviter les contractures, c'est-à-dire éviter que les articulations se soudent à jamais dans des positions irréversibles et grotesques.

Au petit-déjeuner, on apporte des toasts et des œufs déjà tièdes qu'on dépose devant moi, sur la table à roulettes à deux pouces de mes mains. «Pas moyen de l'atteindre. Baptême!» Et quand le gorille vient de la rapprocher de moi et m'appareiller la main avec une cuillère, tout est froid. Ramenez le goupillon du baptême!

Après, c'est hop! dans le fauteuil et, à nouveau, la sensation de flotter sur l'eau sur une chambre à air en terrazzo. Je me répète : «Pourtant, c'est bien moi!» Il m'arrive de me toucher les cuisses pour m'en assurer. Horreur! C'est comme toucher celles d'un autre gars! Alors les parties génitales : pas question! Il faudra attendre les femmes de ma vie pour me les réapproprier.

Au gymnase, en physiothérapie, oublions l'idée de courir le mille, la précision du *slapshot* au hockey, la diminution de la *slice* au golf. Il s'agit de renforcer les quelques petits muscles invisibles qui me restent, pour que je puisse mieux pousser mon fauteuil avec la paume de mes mains. Plus frustrant encore : essayer de me déplacer les fesses de un à deux pieds à bout de bras, afin de permettre les transferts du lit au fauteuil et vice versa. «Qu'est-ce qu'ils font, les gens de ma classe, à cette heure-ci? Est-ce qu'ils le savent qu'ils sont chanceux?»

Heureusement, il y a Marie-France, ma physio française, toute en jambes et en sourires, qui me fait faire mes exercices en me racontant les péripéties de ses amours tumultueux, en me faisant partager sa nostalgie pour sa famille en douce France ou, encore, en discutant aussi bien des dernières tendances de la mode que de la comédie musicale *Hair* en passant par le mur vert pétant de son salon, le dernier Gilles Carle, Woodstock, la guerre du Vietnam et notre crise d'Octobre. Il nous arrivait aussi d'échanger sur nos valeurs morales – des valeurs qui m'avaient été si chères, jusque-là – telles que la virginité avant le mariage, la fidélité des couples, le mariage «pour le meilleur et pour le pire», le sacrifice de soi pour les enfants.

Il y a également Vibeke, une magnifique Bavaroise blonde, toute en ondulations bien arquées, qui, tout aussi souriante, la remplace à l'occasion. Elle me surprend très rapidement à regarder furtivement dans l'échancrure de sa blouse quand elle se penche vers moi pour me plier une jambe. Un large sourire aux lèvres, elle me lance :

– Chacques! Fousse ss'aimer mes seins?

– Oui… ch'aime beaucoup… Pardon, j'aime beaucoup… Je vous demande pardon, que je lui réponds, tout aussi penaud qu'excité.

– Pas de problème. Ch'aime les montrer… Che suis naturiste, fousse savez! précise-t-elle en détachant immédiatement deux autres boutons de son corsage.

Après cela, l'exercice sera très agréable pour celui qu'elle appellera désormais *mein barishe sheine bouer* (mon beau jeune homme bavarois).

Mais d'autres confrontations m'attendent.

L'ergothérapie, discipline visant à développer l'autonomie dans les activités de la vie quotidienne, devrait plutôt s'appeler la «confrontation avec tout ce que vous teniez pour acquis jusque-là parce que c'était si facile». Rapidement, cette activité devient ce que je déteste le plus... avec la sauce IRM.

Me laver moi-même à la débarbouillette se révèle tout aussi inefficace que difficile. Tenir un verre d'eau dans la main demande une dextérité d'athlète, maintenant que la préhension de mes doigts et la flexion de mes poignets sont impossibles. On me propose d'essayer d'écrire avec une petite orthèse, quand j'ai voulu écrire une lettre d'amour à Zazou. Au premier essai, la main passe pardessus la feuille, puis le premier trait pour le *J* d'un *Je t'aime* prend toute la page. Tant de petits gestes jusque-là si simples! J'en ai développé une fascination quasi perverse devant la grâce, l'élégance et la finesse des gestes d'une femme qui se maquille.

– Lance le ballon droit devant vers Ariane, me dit l'ergothérapeute.

Je le prends fermement entre les deux paumes, faute de doigts capables de le faire. Je m'élance pour l'envoyer cinq pieds plus loin... Il tombe à mes pieds! «Baptême! Et dire que je lançais au baseball!»

Et puis, il y a cette maudite planche de bois que je coupe tous les jours avec le manche de la scie «bandeletté» à ma main, essayant de fabriquer un porte-cartes. Avant, ça m'aurait pris de cinq à dix minutes pour y tracer les quinze sillons en diagonale requis. Dix jours plus tard, j'en ai deux de terminés! «Eh baptême, que je vais donc te brûler dans le foyer le jour où je vais me retrouver à la maison», que je promets au porte-cartes.

Autour de moi, c'est aussi difficile pour l'amputé qui essaie de ne pas clopiner sur sa nouvelle prothèse ou le paraplégique qui, entre deux barres parallèles, essaie de marcher sur des orthèses qui lui gardent les jambes rigides. Je les envie parce qu'ils sont à des années-lumière de ce que je peux faire. Mais que ce soit pour le saut de l'un, la première marche de l'autre ou mes petits millimètres de progrès, on se félicite tous.

* * *

Heureusement, tous les deux soirs, pour me remettre de mes frustrations, il y a la visite de ma sœur Nicole, de tante Yolande ou de mon cousin Jean-Marc et de Francine, sa femme. Ils me redonnent le goût de manger, ou plutôt, grâce à eux, je redeviens gourmand. Le lundi soir, Nicole m'apporte une pizza. Le mercredi, c'est du poulet St-Hubert ou des plats chinois. Et le vendredi, tante Yolande m'apporte des plats de fruits de mer. J'arrive presque à oublier la maudite sauce de l'Institut!

On cause de tout et de rien. Que ça fait du bien! Ils sont aussi généreux de leurs confidences. Je ne m'en porte que mieux, les épanchements n'étant pas à sens unique. C'est d'abord par eux que j'ai réalisé que je n'étais pas diminué aux yeux des gens qui m'aimaient. Ils étaient peinés, mais, pour eux, j'étais toujours moi.

Les fins de semaine, papa, maman et Zazou prennent la relève. Je suis content de les voir. Pourtant, je me sens aussi tellement coupable devant ces trois-là. Vis-à-vis de Zazou, parce que nous ne faisons pas ce que tous nos amis font : sortir, étudier ensemble, danser, faire du sport ou faire l'amour. Dans le cas de mes parents, ma gêne est plus difficile à définir, à expliquer. Je sais seulement qu'ils ont beaucoup de peine et que j'en ai honte.

* * *

Après deux mois, mon physiatre, le docteur Ramirez-Belmonte, un Espagnol *baby face* de Barcelone, me confirme, très correctement, que ma quadriplégie est définitive.

– Définitive, dites-vous? Ça fait juste vingt-deux ans que je vis sur cette planète et maintenant, sans savoir ce qui m'attend après ma mort, je suis condamné à passer le reste de ma vie sur quatre roues? Baptême!

Je le savais pourtant depuis le début. Malgré tout, je reçois la confirmation comme un verdict final.

Une fois seul, je pleure. J'attends que ça passe, puis, la mine basse, je me pousse péniblement vers l'ascenseur. C'est la fin de la journée et j'y croise Raymonde B., une physiothérapeute. Elle me salue de la tête en me disant :

– Bonjour, Jacques. Ça va?

– Bonjour… Très mal merci. Bye!

Le lendemain matin, quand on se croise de nouveau, en réponse à son salut je lui repisse mon vinaigre. Elle dit :

– Jacques, il faut qu'on se parle. Je vais venir te voir ce soir après le travail.

Ce soir-là, cette petite Marocaine à la mine sévère, mince et musclée par son travail, l'exercice et son végétarisme, me fait la leçon :

– Marie-France m'a expliqué ce qui t'arrive. Je suis bien peinée pour toi. Mais c'est pas une raison pour t'en prendre aux gens que tu rencontres. Quand on se fait demander «Comment ça va?», on répond «Très bien, merci.» Autrement, on est encore plus handicapé et, un jour, on se retrouve seul parce que les gens nous fuient et ils ont raison.

C'est l'éclair. Un nouvel œuf de Colomb dans mon sac. Eh! que je les aime quand je traverse une crise!
– Raymonde, tu as raison. Je te demande pardon. On n'attire pas les mouches avec du vinaigre, même en fauteuil roulant. Merci beaucoup.
Une leçon qui me sert encore.

* * *

Quelques jours plus tard, une première : on m'envoie souper seul à la cafétéria.
Je me pousse très péniblement sur la moquette, faute de l'apport de triceps.
Je fais la ligne comme tout le monde, puis indique à la préposée derrière le comptoir ce qui m'intéresse. Des frites et un steak. La préposée dépose le plateau sur la table. La viande n'est pas coupée.
– Madame, pouvez-vous m'aider avec mon steak, s'il vous plaît?
– Désolée, mon beau. Pas le temps pour l'instant. Il y a trop de monde.
Et moi qui déteste manger froid.
Juste à côté, une petite rousse qui se déplace avec une canne en boitant intervient :
– Mais, madame, il va manger froid!
L'autre, trop occupée, ne se retourne pas. La petite rousse me regarde.
– Est-ce que je peux vous aider?
Elle s'appelle Francyne. Elle était mariée à un Français. Elle a deux filles de sept et huit ans. La nuit du 31 juillet précédent, quelques jours après mon propre accident, dans le sud de la France, son mari s'est endormi au volant de leur voiture et celle-ci a percuté un platane de plein fouet. Il est mort sur le coup, tout comme Zazi, leur caniche royal. Dans le coma pendant deux semaines,

Francyne a survécu. Natalie et Pascale, qui ont eu des fractures aux fémurs et aux humérus, ont parfaitement récupéré. Francyne a été opérée à la mâchoire inférieure et à la hanche. Elle est de retour au pays pour sa réadaptation et, dit-elle, « pour refaire ma vie ». Elle est jolie. Vraiment très jolie. Qui aurait cru...

* * *

Et les jours et les mois passent. Les solidarités se renforcent, les amitiés aussi. Comme toujours, je me retrouve à me « colletailler » avec les gars et à échanger des confidences avec les filles.

Je deviens très proche de Francyne, la petite rousse, avec laquelle je partage une physiothérapeute, mes soupers et des confidences après les visites.

À Noël, Francyne m'apprend qu'elle a obtenu son congé définitif de l'hôpital. Et, au moment du départ, tels des gens qui ont éprouvé beaucoup de plaisir et une grande complicité après s'être fréquentés quotidiennement pendant des vacances, on se promet de garder le contact sans faute.

– Ça m'inquiète tellement de me retrouver dans la vraie vie. J'aimerais rester ici avec toi et les autres, me dit-elle.

Je ne la comprendrai vraiment que quatre mois plus tard, juste avant Pâques, quand on m'annoncera que c'est à mon tour de quitter l'Institut.

– Quoi? Mon congé définitif! Comme ça! C'est tout ce que vous pouvez faire pour moi?

Eh oui. Ainsi s'éteint le dernier petit tison d'espoir que j'essayais tant de cacher, à moi comme aux autres, celui de redevenir comme avant.

Donc, je ne marcherai plus... Je ne courrai, danserai, nagerai plus, et attirerai encore moins une femme. Fini le hockey, le golf, le tennis. Et faire l'amour? Quelle femme voudra de moi? Jusqu'à ma tombe, on devra m'assister dans beaucoup – beaucoup trop – de choses. Qui voudrait d'une telle vie? Je ne me suis pas préparé à ça. Oui, j'avais rêvé d'une vie beaucoup plus passionnante, trépidante, mais maintenant une petite vie de docteur «tout-le-monde», avec, éventuellement, une femme et des enfants, me suffirait amplement.

Je sais que je vais m'ennuyer des parties de cribbage avec M. Langlois et son collègue, Jimmy Deakin; et aussi, juste avant de dormir, de la rôtie aux cretons que me prépare Marie L., l'infirmière auxiliaire de soirée; et puis, des tas de petites courses que me fait si gentiment ma physiothérapeute, sans oublier ses quasi sulfureuses confidences. Toutes ces petites attentions, ces conversations parfois tendres et loufoques m'ont aidé à supporter le pire. J'ai appris de tous ces gens que la compassion, c'est s'étirer le cordon du cœur un peu plus loin que ce qui est attendu. J'ai appris aussi que cela rassure sur l'être qu'on est toujours, malgré la maladie, l'aspect physique, le handicap.

Toutes ces personnes, ainsi que les autres patients dont j'admire tant le courage, m'ont fait prendre conscience que, malgré le fauteuil, je peux encore être intéressant.

Je ne doute pas de l'amour et de l'estime des miens. Mais j'ai la hantise de perdre l'amour de Zazou. C'est trop demander, d'espérer qu'elle reste à mes côtés, et je le sais.

Des amis que je croyais proches s'éloignent. C'est l'hécatombe. Je n'en reviens pas. Pourtant, je ne devrais peut-être pas m'en étonner, après tout ce que j'ai pu leur dire d'amer et d'attristant. Et puis, à vingt-deux ans, je ne sais pas encore la chance que j'ai d'avoir deux amis comme le Chat et Jack Frenette.

Je ne veux plus mourir, même si je ne vois aucune raison logique pouvant expliquer mon changement d'attitude. J'ai le goût d'essayer de vivre cette nouvelle vie.

Ça s'appelle l'espoir.

10

Pâques 1971 : retour à la maison. «Fini les règlements, les couvre-feux, la bouffe blafarde! *Home sweet home!*» que je me dis, jubilant, en quittant l'Institut.

Deux cent quarante kilomètres plus tard, à Sainte-Foy, je me retrouve en face du 1191 de l'avenue Beaupré, les yeux «graisse de bine avancée» et le cœur «guimauve totale». Notre belle canadienne à deux étages. Son déclin blanc et ses portes et volets rouges fraîchement repeints contrastent encore plus avec le granit gris des murs latéraux. Après tous ces mois, elle me semble féerique.

La féerique se révèle vite rébarbative. Je n'entrerai désormais que par la porte arrière et par la rampe de contreplaqué que papa a construite. La pente très douce n'en demeure pas moins trop abrupte pour mes nouveaux bras sans triceps. Avec le temps et beaucoup d'entraînement, ce nouvel Everest sera vaincu, mais au sommet il faudra ouvrir la deuxième porte. Je devrai appuyer rapidement sur les freins sinon ce sera la descente au bas de la pente. En cas de succès, il faudra tirer sur la porte. Mais elle ouvre vers l'extérieur. Et puis, la poignée est ronde. Pas pratique pour des doigts paralysés qui glissent dessus. Et on remet ça avec la contre-porte.

À l'intérieur, la pièce pourtant si spacieuse jusqu'au 19 juillet 1970 tient maintenant plus d'un parcours du commando que d'une grande cuisine. D'abord, deux ou trois réalignements des roues pour tourner à gauche et passer entre la cuisinière et la table de cuisine, puis deux ou trois autres vers la droite devant le réfrigérateur. Enfin, un réalignement à gauche pour emprunter le corridor vers la salle familiale, ma nouvelle chambre à coucher. Ma chambre à l'étage m'étant désormais inaccessible, papa a aménagé pour moi la salle familiale. Là où tous ensemble on regardait la télévision. C'est la pièce la plus magnifique de la maison, avec ses murs lambrissés d'acajou et son énorme foyer du même granit qu'à l'extérieur.

Je suis mal à l'aise. On devra dorénavant regarder la télé dans le grand salon que maman n'utilisait que pour la grande visite et les fêtes.

Et puis ce soir-là, pour la première fois depuis ma petite enfance, papa m'aide à me déshabiller, puis à faire ma toilette avant de me transférer au lit et m'installer pour la nuit. Et il se lèvera, comme il le fera pendant les trois prochaines années, au milieu de la nuit, vers trois heures, pour me tourner de mon côté droit sur le gauche. Il s'agit de prévenir les plaies de lit aux hanches. Je ne peux plus dormir sur le dos. Mes fesses seraient trop longtemps exposées à la pression, après quinze ou seize heures dans le fauteuil sans bouger.

Le matin à six heures, avant de partir pour le bureau et y retrouver ses fonctions de directeur des ventes d'une compagnie d'assurances, il revient et passe deux heures à me préparer pour ma journée.

Il relève les couvertures, et c'est pipi-caca, et le lavage à la débarbouillette de mon grand corps désormais blanc, livide et sans muscles. Puis, c'est l'habillage. Il me transfère ensuite au fauteuil avant de procéder au rasage et au coup de peigne.

Il a rapidement appris ma routine de soins à l'Institut de réadaptation. C'est qu'il a été *orderly* à l'infirmerie du régiment des Black Watch à Moncton, au Nouveau-Brunswick, durant la deuxième grande guerre. Il s'était engagé en trichant quant à son nom (Jean-Georges plutôt que Jean-Marie) et à son âge (dix-huit plutôt que dix-sept ans). C'est que mon grand-père Jean-Baptiste, un partisan du Bloc populaire et un anti-conscription passionné, ne lui aurait jamais permis de le faire. Mais, m'a-t-il raconté plus tard, comme pour plusieurs jeunes de son âge, c'était «pour voir du pays, avoir un peu d'argent dans mes poches et devenir un héros. C'est pour ça que je me suis sauvé jusqu'à Moncton».

Après l'entraînement au combat, son nouveau travail auprès des grands blessés l'avait rapidement guéri de toutes ses fantaisies épiques. Il avoua ses mensonges au commandant du camp. De retour au foyer, il devint «petit comptable» pour un entrepreneur plombier local jusqu'à ce que le propriétaire de la Daigle et Pulp, une scierie de Trois-Pistoles, l'engage en lui offrant une augmentation de cinq dollars par semaine. En fait, ce M. Daigle le voulait comme gardien de but pour l'équipe de hockey locale qui allait très mal. Parmi ses coéquipiers, il était devenu ami avec Roger Rioux qui, apprenant que mon père était célibataire, voulut absolument lui présenter Thérèse, une de ses jeunes sœurs. Il lui montra sa photo en lui disant qu'il pourrait la rencontrer le soir même à une soirée de danse. Papa y rencontra plutôt maman, qui ressemblait beaucoup à Thérèse. Le lendemain, après la grand-messe, il courut vers Roger pour lui dire :

– Eh! que je te remercie donc de m'avoir fait rencontrer ta sœur. Elle est formidable!

– Ma sœur était malade, Johnny. C'est avec ma tante Bobbie que tu es sorti hier soir!

Car Thérèse était une des filles de Marie-Jeanne, la sœur aînée de maman. Papa allait devenir le mononcle Johnny de Roger, et moi, son cousin. Une situation pas si exceptionnelle dans ce monde des grosses familles du temps. Surpris mais pas décontenancé pour autant, Johnny tricha encore sur son âge (il avait huit ans de moins de celle qui lui plaisait tant) jusqu'à l'annonce du mariage par le curé quelques mois plus tard. Trop tard : aux cartes, ce tricheur aussi habile qu'incorrigible était vite devenu le partenaire si longtemps rêvé d'Elmire, désormais sa belle-mère.

Vingt-deux ans plus tard, il est impeccable pour mes soins. Il nous arrange ça en séances de bavardage, tout en minimisant mes «je-m'excuse-du-trouble-que-je-te-donne» ou mes inévitables élans de frustration avec tant de nouvelles impuissances.

Une immense tristesse-reconnaissance-admiration pour lui s'est exprimée dans des sanglots aussi imprévus que soudains, devant un groupe d'amis qui me fêtaient, le jour de mon quarante-quatrième anniversaire de naissance. «C'est l'âge qu'avait papa quand son grand gars est devenu quadriplégique», me suis-je rappelé.

Avec maman, je suis méconnaissable. Moi si longtemps dans ses jupes et tellement sensible à ses moindres états d'âme, voilà que je suis impatient, voire irritable avec elle.

Pourtant, fidèle à elle-même, maman n'est que la plus ouvertement bouleversée de nous tous par ce qui vient de m'arriver. Elle a toujours été comme ça : chaque

Noël, aux funérailles, lorsque quelqu'un est en colère, ou à l'occasion de départs ou de retrouvailles, maman a la larme facile, elle ne peut dissimuler ses sentiments.

– Maman, arrête de pleurer. Si t'es pas capable de me voir dans un fauteuil roulant, envoie-moi dans un centre d'accueil!

Maman, Bobbie depuis toujours pour les intimes, est la sixième d'une famille de onze enfants. À sa naissance, en avril 1918, deux sœurs aînées mouraient de la grippe espagnole, et elle-même, apparemment trop faible, avait décrété le médecin, fut placée en incubation dans le four du poêle à bois, comme on avait coutume de le faire à l'époque. Vers huit ou neuf ans, elle avait encore perdu deux sœurs, cette fois de la tuberculose. Quand elle avait quatorze ans, lors d'un voyage dans la parenté aux Escoumins, son cousin préféré, âgé de seize ans, mourait de «coliques cordées». C'est ainsi qu'on appelait alors l'appendicite. Faute de chirurgien, après six jours d'une agonie aussi douloureuse qu'interminable et bruyante, il s'éteignait dans les bras de sa mère et de sa tante Elmire, ma grand-maman. Pendant ce temps, ses frères et sœurs ainsi que maman, leur cousine, attendaient impuissants autour du poêle de la cuisine en ce très froid jour de novembre. À 25 ans, elle quitte pour Chicoutimi afin d'y aider sa sœur Adèle, mère de quatre enfants, dont le mari Édouard se meurt de tuberculose. Son maigre salaire de vendeuse au rayon des manteaux de fourrure chez Gagnon et Frères leur permet de joindre les deux bouts. À la mort d'Édouard, elle ramène toute la famille à Trois-Pistoles. Trois ans plus tard, quinze jours avant ma naissance, Adèle meurt du même mal.

Maman a toujours rebondi, quelles que soient ses épreuves.

Pas cette fois, et je ne le prenais pas. Ce que je ne prends pas et ce que je ne sais pas, c'est que je me sens coupable. Coupable de ce grand malheur qui les frappe, elle et papa. Moi, leur Jacquot qui s'est toujours donné pour mission de les rendre fiers de leur aîné.

Ils sont atterrés, d'ailleurs. Tous les deux. Ils ne veulent rien laisser paraître, mais je le sens. Ah que je m'en veux de faire maintenant pitié dans ce maudit fauteuil roulant!

Alors j'ai honte.

11

Oui, j'ai honte, partout. J'ai honte devant tous ces nouveaux regards qui, rapidement ou lentement, me toisent ou feignent de ne pas voir mon grand malheur évident. Moi qui, il n'y a pas si longtemps, me percevais comme le fils chéri envers qui Dieu semblait s'être montré si complaisant.

J'ai d'autant plus honte que je me sens le seul représentant d'une minorité visible dans ce quartier petit-bourgeois pure laine que j'habite depuis l'adolescence. Et tous les regards, sympathiques, empathiques, horrifiés, gênés, incrédules, qui tombent sur moi sont de constants rappels de mon malheur. «Pourquoi est-ce qu'ils me regardent? Je ne veux pas faire pitié!»

N'oublions pas les bien intentionnés, qui ajoutent l'insulte à l'injure en invoquant science, religion ou des succédanés des plus incongrus, genre : «Moi, si j'étais vous, j'éviterais la viande, le gluten, le lait, ou j'augmenterais ma consommation d'abats, de farine de blé entier, de yoghourt à l'ail.» Ou encore : «En Biélorussie, ils ont un nouveau vaccin. Un vaccin bon tant pour la moelle osseuse que pour la moelle épinière.» Ou encore : «Aux États-Unis, ils appliquent plein d'électrodes sur des muscles et ça marche... Le zinc... Le zinc,

Jacques!» Quand ce n'est pas : «Avez-vous prié Saint-Ignace-de-la-Sainte-Laurencie?»

Alors, je veux encore moins sortir.

Surtout avec Zazou, torturé à l'idée que d'autres pourraient se poser cette question devenue fondamentale pour moi : «Qu'est-ce qu'une belle jeune fille comme ça fait avec un si grand handicapé?» Zazou aussi est atterrée. Nous sommes plus proches que jamais. Nous nous aimons follement. Mais notre couple est changé. À jamais.

Je l'ai connue à dix-sept ans, en Belles-Lettres. Nous étions assis sur le même banc d'école, en classe de mathématiques. C'était ma première année dans une classe mixte. Je tombais amoureux une fois par semaine, presque toujours uniquement dans ma tête, mais mes notes n'en subissaient pas moins toute une dégringolade. Jusqu'à ce que je croise ce regard timide et vif et ce joli minois rousselé tout au haut d'un corps élancé sur des jambes extraordinaires, particulièrement révélées par ses minijupes. Comme elle est très studieuse, je lui dois l'amélioration rapide de mes notes et beaucoup plus de stabilité du côté cœur. On m'avait donné le rôle du mâle plein d'assurance qui prend les initiatives. Mais maintenant, je suis bien bas. Je ne m'élance nulle part. Et comme elle m'aime, elle voit à moi. Moralement seulement, mais constamment. Quelle tâche!

À la fin du mois de juillet, Marie-France, mon ex-physiothérapeute, et son amoureux décident de faire une petite visite à Québec. Ils insistent pour nous inviter au restaurant. Ce sera notre première sortie au resto. Jusque-là, on s'en est tenus aux visites à des proches.

On fait le tour de restaurants que nous connaissions bien jusque-là. Mais y entrer est désormais difficile. Il y a des marches. On n'avait jamais remarqué.

«C'est de ma faute, que je me dis, avant ce n'était pas un problème.»

Finalement, on se retrouve dans un *steak house* où Zazou et moi étions déjà allés pour fêter mon premier chèque de paie, à dix-sept ans.

Tout ce que je craignais arrive. Je sens sur moi des regards mal à l'aise de clients et celui évidemment mécontent de la serveuse. C'est que Marie-France, avec son accent français pointu et un peu autoritaire, a fait se tasser quelques clients pour me pousser jusqu'à une table. Celle-ci se révèle trop basse. Mes genoux viennent s'appuyer contre le bord. Marie-France, qui n'en est pas à sa première sortie avec des patients en fauteuil roulant, s'empare immédiatement de quatre petites assiettes à dessert en porcelaine solide qu'elle installe sous les pattes de la table.

– Alors là, non! Vraiment non! s'écrie le maître d'hôtel.

– Mais enfin, monsieur…, commence Marie-France.

– Sortez! C'est un restaurant, ici, pas un asile d'infirmes!

Pour moi, c'est la descente aux enfers. Pire que ce que j'avais pu imaginer jusque-là. Et pourtant, je ne manquais pas d'imagination.

J'en suis resté avec l'impression que je ne faisais plus partie de la décoration habituelle. Je me suis senti tout d'un coup comme devait se sentir un pestiféré au Moyen Âge ou dans l'Antiquité. Ce sera le moment le plus humiliant que je vivrai jamais en public.

J'en suis resté sonné pour quelques semaines, appréhendant encore plus mon retour à la faculté de médecine.

Début septembre, voici enfin le retour aux études. Je suis avec un nouveau groupe d'étudiants. Nous ne restons que quelques heures à la faculté, le temps qu'on nous explique et nous assigne nos différents stages cliniques.

Je me sens mal à l'aise. Je ne cadre pas avec tous ces jeunes de mon âge. «Je ne suis pas pétant de santé, moi! C'est tellement évident avec mon maudit fauteuil! Eux... ils ressemblent beaucoup plus à des vrais futurs docteurs qui soigneront des gens», que je me dis, ajoutant à mes tourments.

C'est donc timidement, comme sur la pointe... des roues, que j'affronte les regards surtout gênés, dans mon *hénaurme* nouveau fauteuil motorisé qu'on m'a livré la veille. Le Chat m'avait d'ailleurs amené à la faculté durant la soirée pour un exercice dans les corridors. Ça ne s'était pas trop mal passé jusqu'à ce que j'aie le réflexe de les suivre, lui et le gardien, alors qu'ils s'apprêtaient à descendre un escalier. On ne perd pas ses réflexes comme ça.

Mais le lendemain matin, je n'ose regarder personne. Je suis vraiment très centré sur ma nouvelle apparence et sur ce que les autres vont en penser. Je me sens comme un robot, et tellement malade, alors que les jeunes gens qui m'entourent m'apparaissent si normaux, si pétants de santé et à leur place, eux.

Encore là, le pire arrive. Comme j'allais pénétrer dans une salle, Claude H., un confrère du collège maintenant étudiant en journalisme, et que je n'ai pas revu depuis nos études ensemble, m'aperçoit. Il me crie, stupéfait :

– Voyer! Qu'est-ce que tu fais là-dedans? Qu'est-ce qui t'es arrivé? J'en reviens pas! Toi, un athlète! Ça se peut pas!

J'ai le réflexe de le calmer.

– Ben oui, Claude, j'ai eu une maudite malchance. Toute une. Mais t'inquiète pas, ça devrait aller.

71

– J'en reviens pas. J'en reviens pas! ne cesse-t-il de dire, en s'éloignant à la hâte, le regard encore tout horrifié, tout en déposant un baiser sur la joue de sa petite amie, une étudiante de première.

Et puis, au détour d'un corridor, il y a Ti-cul Z., individu beaucoup trop fier de sa personne qui ne s'est jamais gêné pour exprimer son mépris vis-à-vis de tout ce qu'il n'est pas ou n'a pas. C'est le seul de mon ancienne classe à la faculté ce jour-là.

En me dévisageant et croyant sans doute faire preuve de compassion, il me lance à haute voix :

– Chapeau, mon Voyer… Moi, à ta place, c'est clair que je me serais suicidé.

Je l'ai toujours détesté, celui-là. Je méprise les gens méprisants. Il me fait retrouver des réflexes :

– J'te comprends. À ta place, moi aussi je l'aurais fait.

Mais ce n'était qu'un réflexe sans réelle assurance.

* * *

Heureusement, il y a tante Jeanne, la sœur aînée de maman.

«Un diamant brut robuste de toutes ses facettes», avait écrit à son sujet, quand elle avait huit ans, M. L'Italien, l'inspecteur d'école.

Ça fait au moins trente ans qu'elle n'est pas sortie de Trois-Pistoles et pourtant, elle a décidé de monter à Sainte-Anne-de-Beaupré, pour y implorer la grande sainte pour moi, puis de venir me visiter chez mes parents.

– Pauvre Jacquot! Ça n'a pas d'allure qu'un beau grand garçon fin comme toi se ramasse éclopé comme ça. Te v'là plus bon à rien! Si au moins tu t'étais fait ça à la guerre. Tu serais un héros. Pas juste avec des médailles. T'aurais une pension. Pauvre toi!

Je pourrais exploser de désespoir ou de colère, mais c'est depuis le berceau que je me frotte au diamant brut. Je connais toutes les délicatesses de tante Jeanne. Et puis, il y a les mines toutes déconfites de Zazou, Céline et le Chat qui assistent à la scène.

– Merci, ma tante, que je lui réponds en pouffant de rire. J'en connais pas une comme vous pour remonter le moral du monde!

– Merci, mon Jacquot, mais tu le sais que c'est de bon cœur. Parce que moi, tu le sais, les infirmes, les malades, les retardés, même les insignifiants, je les aime. J'te jure que j'les aime!

Éclatant encore plus de rire, à bout de souffle, je réussis à lâcher :

– Une chance, ma tante. Une chance!

Je sens qu'il y a dans ma réaction beaucoup de sagesse et qu'effectivement les bonnes intentions du grand cœur de tante Jeanne dépassent largement les humiliations inévitables mais accidentelles de ses trop pauvres habiletés sociales. Par contre, pour les autres débiles du genre qui n'ont pas comme elle des indulgences accumulées : je ne suis pas prêt.

De fait, je devais macérer dans la honte plusieurs années encore.

12

À l'occasion de la fête du Travail, je vais prendre mes premières vacances. Une suggestion du Chat.

– Écoute, le grand, ça va te changer les idées. Rien de mieux avant qu'on se remette à étudier. Et puis ça va être bon pour tes parents aussi. Ils s'occupent de toi tout le temps. Ils ne sortent plus. Ça t'énerve... C'est pas bon pour tes plombages. Pour Zazou aussi, ça va être bon. Elle aussi, il faut qu'elle fasse autre chose qu'étudier. Ça va nous permettre d'essayer mon *camper.* Pourrais-tu nous trouver un chalet à prix d'étudiants à Trois-Pistoles?

– Pas de problème, vieux. Nicole va nous trouver ça j'en suis certain... Le problème, c'est pas ça.

– C'est quoi, le problème?

– Le problème c'est le préposé pour mes soins. Ce sera pas évident d'en trouver un à Trois-Pistoles d'ici à deux semaines!

– Pas de problème, mon grand. J'ai fait ça tout l'été au centre hospitalier universitaire. Je m'occupe de ça.

– Tu ne vas pas faire ça en plus! Tu me transportes. Tu nous sors, Zazou et moi. Toi et ta blonde, vous mangez avec moi à midi pour m'aider. Tu me dépannes tellement. Tu ne peux pas faire ça en plus!

– Jacques ! T'aurais fait la même chose pour moi.

Lui qui ne m'appelle jamais Jacques, il me regarde tellement droit dans les yeux que je ne peux faire autrement qu'accepter. Il ajoute encore :

– Et puis, depuis le temps que tu me parles de ton Bas-du-Fleuve...

– Quoi, le Chat ? Tu ne connais pas le Bas-du-Fleuve !

– Non, mon cher. Mon Abitibi suffit.

– Pauvre toi. Du grand désert blanc à la Cocagne maritime du Québec ! Ça risque d'être tout un choc.

– Nous, les Touaregs des neiges, tu sauras, mon cher, qu'on est faits forts. Amène-la, ta Cocagne.

Mais la Cocagne de ma jeunesse se révèle beaucoup moins sereine et reposante que prévue.

Je m'y retrouve confronté à plusieurs deuils. Je réalise qu'à vingt-deux ans faire le deuil de son ancien corps, c'est comme vivre une peine d'amour. Chaque situation habituelle nous rappelle comment c'était avant et ce qui manque.

Cette prise de conscience débute à la maison de mes grands-parents Létourneau, où j'allais déjà poupon. J'y ai grandi. Mais voilà, pour y accéder, comme c'est le cas de plusieurs des maisons de Trois-Pistoles que je fréquentais, il y a sur le côté quelques marches conduisant au tambour et, à l'avant, encore des marches pour entrer dans la bien petite véranda. Et la porte est désormais trop étroite pour moi. J'ai besoin d'au moins vingt-huit pouces de largeur pour que les roues du fauteuil y passent. Je ne suis plus jamais entré dans cette maison.

J'ai encore réagi avec de vaines et mal contenues formules d'invocation impliquant des objets sacrés et la mythologie de nos sacristies.

Même chose pour la plupart des chalets, et à la plage : les roues s'enfoncent!

Mais le pire n'est pas là. Le pire, c'est que j'avais tellement désiré ces vacances que, d'un coup, un autre deuil, une autre évidence me frappe : il n'y a jamais de vacances du handicap.

Je m'en ouvre à Zazou qui répond :

– Je te comprends. Je me disais la même chose quand le Chat et Céline sont partis marcher sur le bord de l'eau. Est-ce que tu ne pourrais pas, toi aussi, avoir des petites vacances? C'est pas juste!

Pauvre Zazou. Pauvres nous. Elle ne s'y est jamais faite, comme toutes les autres après. Elles en viennent à détester ces vacances qui ne me libèrent pas de l'enquiquineur par excellence : le handicap.

Ce deuil-là, je le vis aussi à chaque début de printemps ou d'automne quand les jeunes gars sortent leur balle de baseball ou leur ballon de football. Que c'était bon de s'élancer en courant et en s'imaginant que c'était la dernière manche de la dernière partie des séries mondiales ou la dernière minute du Super Bowl et que là, devant la foule en délire dans le stade, on allait faire l'attrapé du siècle.

Mais je reste assis à la fenêtre. Impossible de me lever pour marcher, courir, nager, patiner ou simplement jouer. Même une minute ou une heure. Même pas une seule seconde. Je ne peux RIEN y faire.

Si bien qu'à toutes les femmes de ma vie j'ai toujours répondu :

– Oui, tu as raison. C'est pas juste. Si ça l'était, j'aurais probablement droit aux libérations conditionnelles.

13

Septembre 1971. Après la bascule totale de juillet 1970, à peine rafistolé, je reprends mes études. C'est ma troisième année de médecine, nos premiers stages cliniques. Je vais donc voir des patients.

Enfin mon baptême du feu!

* * *

— *Bludine-mispitt*, qu'il me répète.

Il est assis bien droit sur sa chaise, son brûlot incandescent aux lèvres, ce brave Mister Mac Something. Les cheveux frisés serrés tout blancs, ce bûcheron de soixante-dix-sept ans de la vallée de la Matapédia est encore très actif, comme en témoignent sa chemise à carreaux, son pantalon vert et ses bottes de *jobber*, aussi usés qu'impeccables.

Il répondait ainsi à mon anglais tout aussi accentué :

— *Ouatte bringzziou tou dis hospitale? (What brings you to this hospital?) Bludine...? Could you repeat please?* que je lui redemande.

— *Bludine-mispitt, doctor...*

Le premier patient de ma vie... Ma première histoire de cas... et je ne comprends même pas la raison de son hospitalisation.

En troisième année de médecine, une fois les cours à l'université terminés, nous commencions nos stages cliniques. La tradition d'enseignement n'a pas changé depuis le Moyen Âge, c'est celle du compagnonnage. Les médecins les plus expérimentés, les patrons, voient à ceux qui sont en formation spécialisée, les résidents. Ces derniers supervisent à leur tour les étudiants de cinquième année, les internes. Quant à eux, les internes chapeautent le travail des externes de quatrième ainsi que des stagiaires, dont j'étais.

Pour chaque malade, on doit d'abord faire ce qui s'appelle l'histoire de cas. Elle commence par l'identification (âge, sexe, statut matrimonial, race, langue parlée, etc.). Suit la raison de la consultation, par exemple : une douleur à la tête ou du sang dans les selles. Vient ensuite la description de la maladie actuelle, le médecin notant les caractéristiques principales de la symptomatologie. Les antécédents personnels et familiaux constituent la prochaine rubrique, puis l'examen physique, qui, en psychiatrie, s'accompagne aussi de l'examen mental. Enfin, les diagnostics possibles et le plan d'investigation et de traitement concluent l'examen.

À Mister Mac Something, je demande encore deux fois : «*Could you repeat, please?*» Puis, la feuille de papier et le stylo que je lui tends ne mènent nulle part : il ne sait ni lire ni écrire.

Pauvre Mister Mac Something. Il n'est pas sorti du bois! Pourquoi ne me la suis-je pas fermée quand le résident a demandé aux stagiaires qui de nous parlait anglais?!

Et je suis aussi désespéré pour lui, qui semble sincèrement malheureux de ne pouvoir m'aider davantage, quand, d'un coup, un sourire lui vient aux lèvres. Un

clin d'œil et un index pointé en l'air expriment un
«Eurêka!» Il s'empare d'un papier-mouchoir, tousse en
se raclant la gorge, puis crache dedans. Il me montre :
un gros filet de sang sur un fond de mucus très clair. Je
suis ravi.

    – Ah oui, je comprends. *Blood in my spit! Thank you,
Sir!* (Entendre «tank iou sœur».) *Thank you! Thank
you!*

Et dans mon enthousiasme, j'en rajoute :

    – *I should say : « Thank you, Mister Archimedes.»*

    – *Who is he?* demande-t-il.

    – *You do not know Archimedes?*

    – *No.*

    – *No? You should. You are like him! Thank you!
Thank you!*

À la discussion qui s'ensuit, le patron, le résident,
l'interne, mes consœurs et confrères en viennent à
conclure que mon bien gentil vieillard, heureusement
pour lui, n'était atteint que d'une vieille tuberculose.
Jamais diagnostiquée, mais éteinte, elle avait été réac-
tivée dans la dernière année par la prise de corticoïdes
pour une capsulite de l'épaule gauche qu'il s'était in-
fligée en bûchant. Je dis «heureusement» parce que
Mister Mac Something fume depuis l'âge de quinze ans.
Un cancer du poumon était beaucoup plus probable dans
les circonstances, avec un pronostic et des traitements
beaucoup plus sordides.

Nos autres échanges m'apprirent aussi que Mister
Mac Something était l'un des derniers descendants
unilingues des soldats écossais de l'armée anglaise qui
s'étaient établis après la Conquête dans la vallée de la
Matapédia. Ils y avaient survécu comme nous au milieu
d'une mer linguistique autre, la nôtre, avec un dialecte
et des accents de plus en plus typiques.

J'étais au moins aussi fasciné par lui et l'histoire de sa société que par sa vieille tuberculose. Je ne cessais de me dire : «Quand je pense que j'aurais manqué ça sans mon petit peu d'anglais!»

Il y avait également d'autres patients qui se révélaient tous aussi fascinants, dans la mesure où je restais ouvert à ce qu'ils voulaient bien me révéler d'eux-mêmes. «Que c'est extraordinaire, la médecine!» me répétais-je souvent.

Cependant, je ne suscitais pas nécessairement l'enthousiasme général aux présentations cliniques :

– D'accord, docteur Voyer, me dit mon bien sympathique résident dans une autre discussion du cas Mac Something : il y a encore des descendants unilingues anglais de soldats écossais de l'armée de Wolfe qui vivent dans la vallée de la Matapédia. D'accord, d'accord, c'est extraordinaire. Mais on est des docteurs, pas des sociologues ou des ethnologues. Comment répond-il à l'antibiotique?

Les évaluations des stages qui suivirent furent assez flatteuses pour moi, mais un commentaire d'un patron interniste en résume bien la réserve principale : «Une fascination trop régulière pour des détails autres que cliniques.»

Que les femmes de la campagne *achètent* plutôt qu'elles n'accouchent, qu'elles utilisent l'expression *ne plus voir* plutôt que de dire qu'elles ne sont plus menstruées, me fascine. Que l'œsophage devienne *l'oie sauvage*, les ovaires, *les oiseaux verts*, ou que la méthode «papale» de contraception Ogino-Knaus devienne la méthode *à genoux Jonas*, ça me semble aussi hilarant qu'intéressant quant à l'évolution du langage. D'autres patients encore alimentent ma fascination. Par exemple, cet Inuit de soixante ans – que j'ai pu rencontrer encore

80

grâce à mon maigre bilinguisme – pour qui une température ambiante de 20 °C était intolérable. En plein mois de février, par – 12 °C, il ferme sa porte de chambre, ouvre toutes grandes les fenêtres et laisse entrer les rafales de neige et, tout souriant… respire d'aise !

Je réalise petit à petit que mon intérêt pour les aspects ethnographiques, politiques, géographiques ou autres fait naître au mieux de maigres sourires et suscite peu d'enthousiasme. Ces aspects relèvent de ce qu'on appelle en médecine le «volet psychosocial». Et pour nous, médecins, il n'a d'importance que dans la mesure où il permet de régler des problèmes, à l'urgence, dans la salle d'attente, et dans la guerre des lits.

J'en viens à me dire que je suis assez incongru comme ça en sarrau blanc dans mon fauteuil roulant électrique qu'il n'est pas nécessaire d'en rajouter. Je dissimule donc du mieux que je peux ce «vice psychosocial», ou encore je fais le contraire et l'annonce en caractères gras.

J'apprends à réserver pour les repas en famille le récit des rencontres qui m'enthousiasment le plus, comme le fait papa depuis toujours. Il ne nous parlait jamais d'assurance-vie, son gagne-pain, mais plutôt de ses dernières rencontres : «Jacques, est-ce que je t'ai parlé du gars que j'ai ramassé sur le pouce la semaine passée ? Un gars extraordinaire ! Imagine, il a passé sa vie à faire des mouches à saumon tout en la gagnant comme vendeur de calendriers. Il n'a même pas de montre !» Ou encore : «Aujourd'hui, j'ai rencontré un mormon. Il est né en Afrique du Sud. Il s'est marié avec une Allemande aussi mormone, et ils sont venus au Québec pour nous évangéliser. Ils connaissent leur Bible comme c'est pas croyable ! Mais lui, avec un accent américain épais comme du ketchup, il n'a pas cessé de me réciter du Proust par cœur… Un gars extraordinaire !»

14

Deux ans plus tard, alors que je suis interne en psychiatrie à l'Hôpital Saint-Sacrement, à Québec, Irois D., bûcheron acadien, déjà père de deux jumeaux de sept ans malgré ses jeunes vingt-quatre ans, me réconcilie à jamais avec mon vice psychosocial héréditaire. En rentrant à son chantier de la Gaspésie, à la brunante, au volant de sa débusqueuse, la tête d'un arbre à peine ébranché fracasse son pare-brise et l'empale par le ventre tandis qu'il appuie, déjà trop tard, sur les freins. Perforé de part en part, il a miraculeusement survécu à l'entrée de la hampe ligneuse effilochée, puis... à la marche arrière de la débusqueuse. Seul au milieu des bois, à huit kilomètres de toute assistance, il quitte les lieux après avoir coupé au canif les gros bouts d'intestin empêtrés dans les branches.

On l'a d'abord amené à l'hôpital de Maria, puis, devant l'importance des blessures, par avion à Québec, à l'Hôpital Saint-Sacrement.

Dix semaines plus tard, mon patron d'alors en psychiatrie, le docteur Yves Rouleau, un grand homme athlétique au début de la cinquantaine, se penche vers moi au dîner. Le visage et le ton de voix comme toujours aussi sévères qu'il était généreux pour ses malades et ses étudiants, il me dit :

– Voyer, il y a un bûcheron d'à peu près ton âge qui est hospitalisé en chirurgie générale. Il a eu un gros accident. C'est pas croyable qu'il ait survécu à ça, puis aux infections. Mais maintenant, son chirurgien me dit qu'il a des douleurs à peu près partout. Rien ne les explique. Ils ne savent plus quoi faire. Surtout que, tout ce qu'il fait, c'est blasphémer et cracher sur tout le monde. Va voir ça, veux-tu? On ne sait jamais.

J'entre dans la lueur beige et crème de la chambre aux rideaux toujours fermés. L'homme gît sur le côté. Il est cadavérique. Deux grands charbons d'yeux me fixent intensément, sans mots.

– Bonjour, monsieur. Je suis le docteur Voyer. L'interne... On m'a raconté votre accident. Les gens qui vous soignent sont perplexes. C'est un peu pour ça que je viens.

Il me fixe encore. Long silence.

Et tout d'un coup, le souvenir d'une scène d'il y a trois ans s'impose, m'obsède : je me revois à l'Institut de réadaptation de Montréal avec M. I. me lavant avec une débarbouillette d'où dégouline de l'eau froide et me martelant les oreilles avec ses balivernes ou la dernière recette au Jell-O de madame.

Aussitôt, je lâche, presque malgré moi :

– Écoutez : je suis juste un petit docteur interne. C'est épouvantable ce qui vous arrive. Je ne sais pas ce qu'on peut faire pour vous, mais je peux vous promettre une chose : je ne vous dirai pas de niaiseries.

Il me fixe encore.

Tendu, je ne vois toujours que deux yeux, deux zygomas blanc albâtre et les ombres creuses de ses joues.

— Pis toâ, qu'oisse que t'âs eu pour être amanché d'même?

Jusque-là, quelques malades me l'avaient demandé, généralement en fin d'examen, la plupart du temps des dames d'un certain âge, gentilles et coopératives au moment du questionnaire. J'ai toujours répondu, d'un ton que je voulais sympatico-détaché : «Oh, moi, je me suis cassé le cou en plongeant dans une piscine en juillet 1970.» Ce qui était suivi inévitablement par un commentaire navré, auquel je répondais de façon tout aussi prévisible : «Merci pour votre gentillesse. Je l'apprécie. Mais, que voulez-vous, on ne choisit pas ses malchances.»

Mais en dedans, je demeurais mal à l'aise. «Un docteur, ce n'est pas quelqu'un d'assis dans un fauteuil roulant», que je me disais, honteux de mon évidente incongruité, comme mon séminariste en soutane, dans l'allée centrale de sa cathédrale, qui s'avancerait avec à son bras une jolie pénitente, nue et enceinte de lui. D'ailleurs, gênés, les membres d'une équipe de télévision venue filmer du *background* pour le bulletin de nouvelles du soir me l'avaient confirmé, au cours d'un stage de pédiatrie : «Excusez-nous, docteur... Pourriez-vous vous retirer du groupe? On veut juste une équipe... typique... Excusez-nous...»

Mais cette fois, je sens que c'est différent. Pas dans la ligne de «tu dois être un exemple pour les malades» que certains me proposent comme objectif de carrière... Non, tout simplement parce que ma réponse devrait favoriser l'échange, être utile au patient.

— Oh, moi, je me suis cassé le cou en plongeant dans une piscine en juillet 1970.

— Étâs-tu soûl?

– Non. Bien à jeun. Il faisait juste très chaud.

– Y avât pas d'eau?

– Non. Le tremplin était trop éloigné de la partie de la piscine où on plonge.

– Vâs-tu rester d'même?

– Oui.

– Godème! Çâ â pas de bon sens! Quel âge que t'âs?

– À peu près le même âge que toi... Vingt-cinq ans.

– Ah bin godème! Tu parles d'une *bad luck*!

– Ben oui. Qu'est-ce que tu veux? On choisit pas ses *bad lucks*. T'en sais quelque chose, hein?

– Tu peux l'dire. J'sais pâs quel calvaire d'innocent qu'â laissé c'te câlisse d'arbre-là dans l'chemin! Mais moâ, j'travaillais à mon compte. Mes affaires allaient bin. J'avais ma débusqueuse. Elle se payait p'tit à p'tit. On s'était acheté une belle maison mobile, ma femme pis moâ, à l'orée d'un boâ au Nouveau-Brunswick. On était bin là-d'dans avec nos jumeaux. Pis lâ, me v'là su'l'dos à moitié mort à l'hôpital... godème que ça m'étchœure!

– Ah, j'te comprends. Y a de quoi.

– Pis ça fât trois mois qu'ça dure. Y â pas d'argent qui rentre. Tu comprends, ma femme restait à la maison pour vouar aux p'tits. Y â fallu vendre la débusqueuse. Pis moâ astheure, j'ai mal partout. Js'u tout faible. J'ai pu d'muscles. Si ça continue, vâ falloir qu'on s'mette su'l'BS. Pis en plus : j'bande pu. Ma femme a vâs-t-i m'garder si j'reste comme ça? Godème que ça vâ mal!

– Ouais... c'est pas mal inquiétant.

– Pis eux autres, tout c'qui m'disent c'est «patientez! patientez!» Godème que j'les haïs! La banque âs-t-i patienté, elle, pour ma débusqueuse? Pis là, y vont-i patienter bin longtemps pour notre maison mobile? En

plus, j'ai mal partout, mais y veulent que j'endure :
«Vot' calmant, c'est dans une heure.» J'ai mal *astheure*,
moâ! Pas dans une heure, gang de tabarnacs! J'veux
même pu leur parler!

— Ouais. J'te comprends. C'est épouvantable... Mais
est-ce que je peux te dire quelques petites choses...
même si elles ne feront pas toutes ton affaire?

— Ouais.

— D'abord, les gens qui s'occupent de toi, ils sont
comme moi. Ton affaire est tellement épouvantable
qu'on est tous comme toi, dépassés. Vois-tu, c'est comme
si on était tous pris dans des fardoches, en pleine nuit,
en plein orage.

— P't'êt' bin. Mais qui m'donnent mes pilules câlisse!

— Écoute-moi bien. Il y a des affaires que des pilules
peuvent soulager, et puis d'autres pas, parce qu'elles
appartiennent à d'autres domaines.

— Comment çâ?

— Comment ça? Bien, quand on est dans les fardoches, ça sert à rien de toujours prendre la scie mécanique. On va brûler le moteur, et elle ne pourra plus être
utile.

— Alors quouâ? On reste dans les fardoches?

— Non. Certaines choses vont s'améliorer avec le
temps. Mais il faut que tu comprennes que ta hâte ne
peut pas se régler avec des calmants et que ton im-
patience peut juste empirer tes douleurs et ta faiblesse.

— Ça peut empirer encôre?

— Ouais. Ça peut empirer.

— Godème!...

— Alors, la nuit, c'est pas de la codéine aux heures
qu'on va te donner, mais une pilule à prendre juste avant
de dormir, que je vais suggérer à ton médecin. Avec ça,
t'auras moins besoin de codéine.

– Pis… À pârt de çâ?

– À part ça… tu vas rencontrer la travailleuse sociale et lui parler de tes finances… Ça fait partie de son domaine, de voir à ces choses-là. Elle va voir ce qui peut être fait… Ah oui, pour ton problème d'érection, il est trop tôt pour dire que ça ne reviendra pas. Parles-en à ton chirurgien. Il va te renseigner là-dessus. En passant, parle-lui donc plutôt que de lui cracher dessus. Tu vas voir, ça va mieux se passer.

Quatre-vingt-dix minutes plus tard, je sortais de la chambre pour écrire mon rapport de consultation et en discuter avec l'infirmière-chef.

Le lendemain matin, on m'invite, à la dernière minute, à la réunion clinique du département de chirurgie. Le cas d'Irois D. doit y être discuté. Inquiet, je demande à mon patron s'il ne pourrait pas m'y accompagner. Non. Il sera déjà en consultation.

Les trois patrons présents, entourés des résidents, des internes et des étudiants, discutent brillamment des aspects chirurgicaux extrêmement compliqués du cas. Je suis bien mal à l'aise dans mon fauteuil, me rappelant plus que jamais ce que mes considérations psychosociales ont eu comme effets à mes débuts.

Arrive la question des douleurs incontrôlables, des doses massives d'analgésiques essayées vainement et des problèmes de comportement de monsieur D. On me demande alors de faire le résumé de ma consultation. Je m'exécute, m'attendant à être rapidement expédié par un « Merci, docteur, et maintenant passons à… »

Mais le chirurgien dit plutôt :

– Merci, docteur Voyer. Excellent! Maintenant, dites-moi, le Mellaril au coucher, ça s'emploie souvent?

– Pas nécessairement, mais j'ai appris du docteur Rouleau à l'utiliser à petites doses. Il devient alors à la fois anxiolytique et analgésique en potentialisant l'effet des autres analgésiques.

— Excellent! Savez-vous, docteur Voyer, que monsieur D. a bien dormi, la nuit dernière? Il a pris sa codéine aux quatre heures. Et ce matin, il ne crache plus sur personne. Mieux que ça, il demande à vous revoir, me dit-il avec un sourire mi-narquois, mi-dubitatif.

— J'en suis bien content parce que, voyez-vous, ce n'est pas tant le Mellaril que...

— Eh bien, c'est certainement très intéressant, docteur Voyer, mais, malheureusement c'est tout le temps que nous pouvons consacrer à ce cas. Merci beaucoup encore une fois. Bravo. Passons maintenant au cas de monsieur...

15

Le docteur en moi pointait à peine, malgré le fauteuil, que son amoureuse donnait du mou… à cause du fauteuil.

Quatre ans plus tôt, juste après l'accident, en plein cœur de la canicule à l'hôpital, je gisais inerte et insensible de presque tout mon corps, harnaché par la tête à cette grande roue de lit d'hôpital, des cathéters et des fils jaillissant de partout.

Zazou et moi n'avions jamais été si souffrants, si proches et si gourmands l'un de l'autre.

C'était cauchemardesque et merveilleux. Comme des moments aigres-doux très intenses, qui marinent probablement encore au fond de son cœur comme du mien, à quelques souvenirs près.

Puis, lentement, après la réadaptation à Montréal et le retour à Québec, notre nouveau quotidien s'imposa. Très édulcorant pour une passion.

Il y a toujours le fauteuil. Froid. Laid. Très peu de designers se déplacent en fauteuil roulant. C'est clair. Marcher main dans la main n'est plus un geste naturel; nous avons l'air disgracieux. Pitoyables. Alors danser…

On oublie aussi la spontanéité.

– Jacques… C'est Marielle au téléphone, me lance Zazou juste à côté de moi. Oui, Marielle. Ça fait bien deux ans qu'on ne s'est pas vus. Que ça me fait plaisir! Sortir? Mais bien sûr. Quelle bonne idée! On commence par l'apéro chez toi... Formidable!

– On soupe chez le Chat et Céline, à leur nouvel appartement. Après... la nouvelle discothèque? suggère Marielle.

– Une discothèque... Euh... C'est pas tout à fait l'endroit pour Jacques...

– Le cinéma alors?

– Oui, bonne idée!

– Le nouveau Lelouch?

– Oui, parfait! Mais dis donc, est-ce que c'est accessible? Non, non, pas le prix du billet. Ce que je veux dire c'est : est-ce qu'il y a des marches?

– Oui, mais c'est un escalier roulant.

– Non, ça ne va pas Marielle. Avec la chaise, c'est pas sécuritaire, un escalier roulant... Parlant de marches, chez toi, est-ce qu'il y en a? Non... T'es certaine? Va voir s'il te plaît.

Au bout d'un moment, Marielle donne le décompte :

– Oui il y en a. Six à l'arrière, cinq en avant une fois qu'on est entré dans le portique.

– Sais-tu, Marielle, on va oublier l'apéro chez toi. Et chez le Chat, est-ce qu'il y a des marches?

– Encore plus...

– Écoute, Marielle, on prendra l'apéro et on mangera chez les Voyer. Après, on ira au cinéma... Ah oui, c'est vrai, il faut trouver un autre ciné. En passant, pour embarquer Jacques dans l'auto, ton chum a-t-il encore son mal de dos?

– Oui. Il ne peut pas encore dormir couché sur le dos. C'est embêtant... parce que... imagine-toi donc que le Chat s'est cassé un poignet, lui apprend Marielle.

– Ici, son père peut toujours l'embarquer dans l'auto… mais au cinéma… il faudrait qu'il nous suive. Après, il faudra qu'on l'appelle. Ça devient compliqué, hein ! Écoute, on va manger ici, puis on écoutera la télévision, finit par suggérer Zazou.

– Y a rien de bon ce soir… Du hockey, et t'as vu le film qu'ils présentent ?

– On pourrait jouer à… C'est vrai, t'aimes pas les jeux de société. Tu détestes ça. Bon… J'imagine qu'on va devoir se reprendre… En tout cas, ça m'a fait bien plaisir d'avoir de vos nouvelles. À bientôt, j'espère. Bye.

Tout devient compliqué. La moindre sortie exige une planification attentive. Le plus petit voyage prend des allures de safari. Et personne, sauf nos proches, ne remarque si leur maison, le resto, le ciné, l'hôtel ou l'édifice est accessible en fauteuil roulant. Pas même – je dirais même surtout pas – les gens qui y vivent ou y travaillent tous les jours.

On oublie aussi l'intimité. Par grands pans ! D'abord, tous les matins et tous les soirs, il y a le préposé. Il entre. Il voit vos choses. Vos restes de table. Votre atmosphère. Il se mêle à vos conversations. Quels que soient sa gentillesse ou son manque de tact, il vous rappelle à l'ordre : dorénavant, il est indispensable et l'intimité s'arrête avec son arrivée.

Bertrand, mon premier préposé à domicile, est particulièrement gentil, compétent et dévoué. Il est aussi très enjoué. Il adore rire et faire rire. Mais comme tous mes autres préposés, il a un gros problème qui n'est vraiment pas le sien : on ne l'a pas choisi. Ma quadriplégie nous l'impose.

Et tandis que les couples que nous fréquentons peuvent se retrouver seuls, en tête à tête, et que, l'été d'après, certains se marient, comme le Chat et Céline, et Jack et

Jocelyne, Zazou et moi, nous ne nous retrouvons que chez mes parents, au vu et au su de tous. Nous sommes heureux pour nos amis. C'est la comparaison qui attriste. Et il y a toutes sortes d'imprévus aussi.

«Baptême! Sans cette maudite quadriplégie, j'aurais pas à vivre ça à vingt ans!» que je me répète, rageur et honteux, quand un pantalon souillé, des rougeurs aux fesses, la crevaison d'un pneu du fauteuil, une infection urinaire interrompent un repas, une fête, une sortie... et j'en passe.

J'en reste très gêné avec Zazou. Elle aussi avec moi. On ne s'en parle pas. J'ai trop peur de la confirmation et, elle, probablement de me blesser davantage. Je ne vérifie pas.

Et peu à peu, toujours sans en parler avec elle, je me convaincs que Zazou reste avec moi à cause d'un «capital amoureux accumulé». Celui du Jacques Voyer que j'étais : le gars de six pieds, deux pouces... pas celui d'un pied et demi! Voilà ce que je me répète cruellement, en pensant à cette trop courte partie de mon corps que je ressens et bouge encore. Comme dépossédé du reste, que je n'ose même pas toucher d'ailleurs. Comme si c'était le corps d'un autre gars... Impossible!

Nos grands deuils, les comparaisons de plus en plus douloureuses entre notre vie et celle de nos amis, ma tristesse que je crois sans appel, tout cela contribue à augmenter la gêne entre nous, à nous maintenir à l'écart l'un de l'autre.

Un soir après l'amour, Zazou, se relevant du lit, a des larmes aux yeux.

– Zazou, qu'est-ce qu'il y a?

– Rien.

– Quoi... rien?

– Rien. Ça va passer.

– Je veux savoir.

– Ça va te faire de la peine, me dit-elle, la voix cassée. T'en as assez comme ça!

– Je préfère entendre. Tu pleures tellement rarement. Et puis, le reflet noisette de tes yeux devient plus beau quand tu pleures. Ça brille, Zazou. C'est correct. Dis-moi.

– Non, Jacques. Je n'en suis pas capable.

– Écoute, je vais t'aider parce que cette nuit j'ai fait un rêve, et c'est vrai ce que je te dis. C'était dur, mais ça se tenait. J'ai besoin de vérifier... Tu me parlais droit dans les yeux. On ne fait jamais ça, nous deux, sauf pour se dire qu'on s'aime. Tu me disais : «Jacques, il faut que je parte. Je t'aime, mais c'est trop, ce que tu as perdu. Et on n'a plus les mêmes potentiels.»

– Jamais je ne pourrais te dire quelque chose comme ça! J'en serais incapable, répond-elle, prostrée, en pleurs.

– Je sais Zazou, mais ça se tient, non?

Ses yeux noisette, à jamais doux et timides, brillant encore plus de ses larmes, me révélaient une souffrance d'une intensité que je ne lui avais jamais vue jusque-là. Elle me lance :

– Je ne suis pas malheureuse, mais je ne suis pas heureuse! Et je t'aime. C'est tout.

– C'est correct, Zazou, que je lui réponds, essayant de prendre un ton magnanime, tout en me disant : «Pas question d'être le purgatoire sur terre d'une femme.»

– Tu sais, Zazou... je pense que ça vaut mieux.

J'écopai de dix ans de peine d'amour.

16

Tout au long de mes stages, je demeure très gêné de mon aspect de docteur en fauteuil roulant.

À la fin de l'été 1973, alors interne en psychiatrie à l'Hôpital du Saint-Sacrement, je fais une demande d'inscription à l'Université Laval et à l'Université McGill pour l'étape suivante, la résidence en psychiatrie. *Résidence*, c'est le nom par lequel on désigne les quatre, cinq ou six années d'études requises pour une spécialité donnée. Une tradition qui remonte à l'époque pas si lointaine où les futurs spécialistes devaient habiter en permanence sur les lieux de l'hôpital, tout comme les internes d'ailleurs. Je m'attends à être accepté à l'Université Laval. Et puis, avec ma famille à proximité, la vie quotidienne m'y sera beaucoup plus facile. À McGill, on accepte en deuxième année de résidence les étudiants qui ont fait douze mois de psychiatrie durant leur internat. Ils appellent ça un internat unidisciplinaire. À Laval, il n'en est pas question. Mais j'ai sur le cœur mon année de médecine perdue comme patient dans des hôpitaux après l'accident. J'ai donc envoyé une demande à McGill avec l'espoir de me faire créditer mes six mois passés dans le Service de psychiatrie du docteur Rouleau.

Début septembre, je suis évalué simultanément par trois jeunes psychiatres du Département de psychiatrie de l'Université Laval. Cela dure deux heures. Je les sens bien mal à l'aise. Je suis encore plus surpris par ce qui se dégage de leurs questions. Après l'entrevue, j'en parle au Chat qui m'a servi de chauffeur :

– Le Chat, si j'avais à résumer l'entrevue, je l'intitulerais : «Comment fais-tu pour vivre si évidemment éprouvé par la vie? Nous, on ne pourrait pas.»

Le 15 décembre, le Chat s'étant encore porté volontaire, nous montons à Montréal pour mes entrevues à McGill.

Tour à tour, trois médecins psychiatres et psychanalystes plus expérimentés, si j'en juge par leurs cheveux blancs, m'interrogent pendant presque une heure et demie. Le premier, le docteur D., s'excuse d'abord de la date tardive de l'entrevue, m'expliquant que, «puisque vous êtes en fauteuil roulant, on s'est dit qu'il serait préférable qu'on vous rencontre la même journée pour vous éviter d'autres voyages». Je le remercie de cette attention.

De l'entrevue qui suit, je ne me souviens que de deux détails.

J'en étais à lui raconter qu'après l'accident on m'avait informé que je pouvais mourir en cas d'infection pulmonaire et que j'avais refusé les traitements.

– Pourquoi? s'exclama-t-il.

– Parce que je voulais mourir.

– Et vous n'êtes pas mort.

– Non. La chance. Mais j'ai appris quelque chose de précieux : la mort fait autant partie de la vie que s'endormir fait partie de sa journée.

À la toute fin, il termina par :

– Merci. Ma tâche était de m'assurer que vous n'étiez pas psychotique. Ça va!

Puis, je rencontre le docteur Stein. Il est très grand et encore plus mince, arborant barbe et cheveux en brosse cendrés.

On se présente et il me demande :

– Quel genre d'homme êtes-vous?

Immédiatement, je me rappelle une conversation récente avec un psychiatre dont je tairai le nom. Il nous confiait, à moi et à d'autres stagiaires, qu'à ce stade avancé de sa carrière il était de plus en plus frappé par la force des femmes québécoises. Il avait ajouté : «Notre société ne peut pas faire autrement qu'être matriarcale puisque depuis les débuts de la colonie des maîtresses d'école marient des coureurs des bois ou des bûcherons, c'est-à-dire des hommes le plus souvent absents. Ils sont forts comme des bœufs mais quasi illettrés et sous-payés par leurs *boss* anglais. Alors on continue à produire des filles fortes. Mais pour les gars, c'est loin d'être évident : comme modèle d'identification, ils ont un absent, un être qui ne s'exprime pas, qui est illettré, sous-payé et humilié. Autrement, ça fait des fils à la mère : créateurs, délinquants, homosexuels, ou les trois!»

Comme j'étais encore impressionné par les psychiatres, très ignorant des limites de la psychiatrie en sociologie et surtout très fier des réussites professionnelles de mon père et de mon grand-père dans les assurances, c'est leur petit gars en moi qui répondit :

– Oh moi, je suis un fils du père qui réussit!

Je me disais que c'était déjà assez d'être quadriplégique sans être associé en plus à ces mauvais «payeurs de primes», comme on qualifiait les marginaux d'alors dans la famille.

– Et qu'entendez-vous par là ? me demande le docteur Stein.

Mais quatre-vingt-dix minutes plus tard, à coups de petites questions simples, le docteur Stein m'amenait plutôt à conclure :

– Vous savez, à bien y penser, je suis beaucoup, beaucoup plus le fils de ma mère. Merci de m'avoir aidé à le réaliser… tout en me faisant comprendre que ça ne m'obligeait pas au banditisme, à l'homosexualité ou à la bohème.

Enfin, je rencontre le docteur Willner. Frisant certainement la fin de la soixantaine, il était le plus âgé des trois. Les yeux vifs, avec une voix de baryton à la fois douce et mélodieuse. J'ai oublié ses questions, mais il me semble qu'elles étaient toutes sensibles et intelligentes. J'ai cependant retenu sa conclusion, qui, à deux ou trois reprises au fil des ans, me fut très utile.

– Docteur Voyer, je ne sais pas si vous serez accepté à l'Université McGill en psychiatrie, mais puis-je vous donner un conseil ?

– Certainement.

– Il est tout à fait remarquable que vous poursuiviez votre carrière malgré vos difficultés physiques. Mais n'oubliez jamais ceci : parmi les patients qui viendront vous consulter, il y en aura, exceptionnellement, et je dis bien exceptionnellement, qui, devant votre handicap manifeste, oublieront rapidement leur besoin d'aide pour s'évertuer à vous rendre incapable de les aider.

– Pardon ?

– Eh oui, et cela s'appelle l'envie.

– Que voulez-vous dire ?

– Je veux dire détruire ce que l'autre a qu'on n'a pas. Dans votre cas, par rapport à un thérapeute sans handicap, ce serait de vous faire perdre votre force morale au-dessus de la moyenne puisque vous en êtes à en aider d'autres plutôt qu'à demander. Dans certains cas, ça peut être extrême : des suicidaires pourraient aller jusqu'au bout juste pour vous remettre à ce qu'ils considèrent comme votre place. Il ne vous restera qu'une chose à faire : les diriger vers quelqu'un d'autre. C'est le meilleur service que vous pourrez leur rendre. Et pas juste à eux, à vous aussi. Un drôle de conseil qui, par la suite, sauvera deux vies.

Sur le chemin du retour à Québec, le Chat s'interrogeait de plus en plus ouvertement sur mon silence. C'est ce que je lisais dans son regard dans le rétroviseur. Mais je restais silencieux.

– Pis, le grand, comment ça s'est passé? Ça fait trente minutes qu'on est partis et t'as toujours pas dit un mot! Long silence.

– Ah là, tu m'intrigues. Jacques Voyer sans voix pendant trente minutes, puis sans réponse à une question? qu'il me lance en éclatant de rire.

Long silence encore, puis j'explique au Chat le principe du «glaçage sur le gâteau» de mon grand-père J.-B., c'est-à-dire l'importance primordiale des apparences à une entrevue pour un emploi.

– En tout cas, on y baisse pas ses culottes… Ben, mon vieux, je les ai baissées, et devant trois personnes différentes. Grand-papa serait inquiet : j'ai aimé ça!

On rit tous les deux, puis j'ajoute :

– Parce que, imagine-toi donc que je n'ai jamais autant appris en une journée, et rien que sur moi. Fabuleux! Je ne me pensais pas si intéressant!

Rires encore, après quoi le Chat me demande :

– Donne-moi un exemple.

– Pas question! T'en connais déjà trop sur mes bibittes.

Il insiste :

– Tes bibittes m'intéressent même plus. Ce qui m'intéresse, c'est comment ils ont réussi à te faire dire en une heure ce qui m'a pris huit ans à faire. C'est quoi leur méthode de déshabillage?

– OK. Je te donne un exemple. Je suis entré en me déclarant « le fils de mon père » comme principale caractéristique de ma personne. J'ai terminé en disant que j'étais encore plus, finalement, « le fils de ma mère ».

– Toi, le grand sportif qui joue au *tough*, le fils de ta mère! Comment il a fait ça, l'interviewer?

– Mon vieux, c'est pas compliqué. Il te demande simplement : « Le fils du père... que voulez-vous dire par là? » Alors tu réponds : « Parce que c'est tout un homme et que je l'admire beaucoup. » Il répète : « Tout un homme? » Et tu finis par répondre, à force de te faire demander de préciser ce que tu veux dire, que tu es finalement plus le fils de maman. C'est une technique efficace, et je vais juste te dire une chose : je ne sais pas s'ils vont m'accepter comme résident en psychiatrie à l'Université McGill, mais, McGill ou pas, psychiatre ou pas psychiatre, un jour... je vais me payer une psychanalyse.

Le 18 décembre, comme cadeau de Noël, soit trois jours après l'évaluation, une lettre du Département de psychiatrie de l'Université McGill m'informe que je suis accepté en deuxième année de résidence en psychiatrie. Trois jours plus tard, après quatre mois d'attente, le Département de psychiatrie de l'Université Laval me fait plutôt savoir, aussi par lettre, que, « après de nombreuses, mais vaines tentatives de vous joindre par téléphone afin d'en discuter avec vous, la consultation d'experts indépendants, tant à l'intérieur qu'à l'extérieur du Département de psychiatrie, nous amène malheureusement à refuser votre admission en première année de résidence en psychiatrie».

Humilié, je rage en invoquant en vain le nom de Dieu. Presque au même moment, la secrétaire du doyen de la Faculté de médecine m'appelle, ce dernier souhaitant me rencontrer le plus rapidement possible. Je m'exécute le lendemain. Le doyen Beaudoin est un homme plutôt grand, solidement bâti, au regard sérieux et très doux. Très gentiment, il m'explique d'abord, comme pour me rassurer :

– Jacques, ça ne veut pas dire que tu es anormal. Tu sais, je ne comprends pas toujours les psychiatres... Enfin, c'est leur décision... Mais que dirais-tu de faire de la pédagogie médicale? On pourrait t'arranger quelque chose au Michigan. Ou encore, que dirais-tu de te spécialiser en histoire de la médecine? C'est mon dada... Pour ça aussi, j'ai des contacts...

– Monsieur le doyen, merci beaucoup, mais je vais vous résumer l'affaire : j'ai été refusé avant même le camp d'entraînement par les Nordiques de Québec de l'Association mondiale de hockey [alors une ligue professionnelle de second plan], mais accepté par le Canadien de Montréal sur leur jeu de puissance.

– Jacques, explique-moi ce que tu veux dire, sinon je vais penser que les psychiatres ont raison...

– Monsieur le doyen, les psychiatres ont peut-être raison, mais ce que je sais, c'est que Laval m'a refusé en première année de psychiatrie, tandis que McGill m'a accepté en deuxième. Alors, avec tout le respect que je vous dois : c'est un coup de pied au cul que je vais changer en pied de nez! Comptez sur moi!

* * *

À la mi-juillet 1974, je quitte donc Québec pour Montréal. Je carbure à la peur de croiser Zazou dans la rue avec un autre gars. Surtout. Mais aussi au vinaigre du refus en psychiatrie par Laval. Beaucoup.

Mes sœurs m'ont déniché un bien beau quatre et demi dans un grand immeuble avec vue sur le cimetière de la Côte-des-Neiges. Je le partage avec Jacques Leclerc. On a fait connaissance par l'entremise d'une consœur de classe et amie commune. Il devait aussi déménager à Montréal pour entreprendre une année d'internat à l'Hôpital Royal Victoria, tandis que j'entreprenais ma deuxième année de résidence à l'Hôpital général juif. C'est un solide gaillard de six pieds et trois pouces, doué pour la vie et truculent de verve et d'imagination. Il deviendra aussi un très grand ami. La vie me privilégiait encore.

À vingt-cinq ans, je suis content de quitter moi aussi le nid familial. Nicole, Claire et Claude sont maintenant mariés. Je veux aussi vivre par moi-même. Bien sûr, j'ai une petite inquiétude supplémentaire : je suis toujours quadriplégique et donc assuré d'inattendus qui n'effleurent même pas l'esprit des gens de mon âge. Par exemple, quand je ne réussis pas à sortir de l'ascenseur à temps et que je reste enfermé deux, cinq, vingt-cinq minutes avant que quelqu'un vienne me prendre et pousse les boutons que je ne peux atteindre. Ou alors la crevaison ou la panne électrique du fauteuil en traversant la rue Sainte-Catherine. Oui, il y aura toutes sortes d'inattendus.

Mais en aparté, sur le ton de la confidence, Denis, puis Claude et enfin papa me disent l'un après l'autre :

— Jacquot, n'oublie pas que Montréal est à deux heures et demie de Québec par l'autoroute, et même à une heure et demie. Si ça presse…

Et puis, je sens que je vais élargir mes horizons, et j'aime beaucoup le proverbe américain qui dit : « Si les bateaux sont en sécurité dans le port, ce n'est pas pour ça qu'on les a construits. »

17

J'en ai donc pour trois ans à peaufiner mes connaissances professionnelles, tant des diagnostics que des traitements en psychiatrie.

À l'Hôpital général juif, comme dans tous les services hospitaliers de psychiatrie, il y a d'abord la clientèle des grands malades mentaux : les schizophrènes, ceux qui sont atteints de maladie bipolaire, les paranoïaques et les autres. Leur suivi exige souvent des ressources beaucoup plus importantes que celles du simple médecin ou psychiatre pratiquant en bureau privé hors de l'hôpital.

L'évaluation et les interventions d'urgence que nécessitent les grands malades agités et hors de contrôle, l'hospitalisation des patients suicidaires ou dangereux, le suivi journalier d'activités de réadaptation en centre de jour pour les patients dont l'état nécessite une restructuration de leur quotidien parce que leur maladie les a presque démolis, voilà autant d'exemples de situations où l'hôpital et les équipes de soins sont essentiels.

C'est dans le cadre de l'évaluation de nouveaux cas que je rencontre Lisa M.

Une dame paraissant beaucoup plus vieille que son âge, sans doute parce qu'elle a été très éprouvée par la vie, se lève comme je me présente. Elle est accompagnée d'une magnifique jeune femme grande et élancée, habillée avec grand chic. Je les invite à me suivre. La vieille dame se déplace très difficilement, essoufflée par un emphysème assez avancé.

Elles s'assoient dans mon bureau, et à ma question «Que puis-je faire pour vous, mesdames?» la plus vieille pointe la main vers sa fille.

– Alors, mademoiselle, que puis-je faire pour vous?

Un long silence, puis elle se lève, se crispe... ensuite elle se détend, comme si elle allait sourire, puis se crispe encore. Elle pleure.

– Vous voyez, docteur? me dit sa mère. Ça fait une semaine qu'elle est comme ça. Elle ne parle pas. Elle reste toute droite dans le fauteuil du salon à regarder les murs. Elle ne dit rien. Elle ne mange pas. Elle ne dort pas. C'est moi qui l'oblige à prendre son bain. J'ai beau lui dire qu'elle a vingt-trois ans et qu'elle a une magnifique carrière de mannequin déjà bien entamée, rien à faire. Tout ce qu'elle fait, c'est se taper sur les oreilles ou se les laver dix, vingt fois par minute. Ça n'a pas de bon sens. Je suis inquiète, docteur.

Je me tourne vers la jeune femme et lui dis :

– C'est parce que vous entendez des voix que vous êtes comme ça, maintenant?

Elle se mord les lèvres. Pleure encore plus. Devient toute tremblante.

– Pouvez-vous me dire ce que vous disent les voix?

– Je...

– Je vois que c'est beaucoup trop difficile de me le dire aujourd'hui. Mais on peut vous aider. On devra vous hospitaliser pour quelques jours. Puis après, vous allez voir...

– Non... Non! répond-elle tout en continuant de pleurer et en se crispant encore plus.

– Écoutez, je comprends que vous ne vouliez pas, mais là, vous n'êtes pas vraiment vous-même. Vous ne parlez plus. Vous ne dormez plus. Vous ne mangez plus. Il y a ces voix. C'est trop souffrant pour vous et votre maman. Ayez confiance... On va vous aider.

Elle fut donc accompagnée à l'urgence où on confirma mon diagnostic de psychose d'allure schizophrénique. Un traitement aux antipsychotiques lui permit rapidement d'abord de se calmer, puis de dormir. Quarante-huit heures plus tard, elle pouvait manger et parler de ses terribles hallucinations auditives qui la harcelaient constamment en lui tenant des propos d'une vulgarité telle qu'elle était très gênée de les partager.

Je la revis deux mois plus tard. Elle se disait tellement heureuse de ne plus être psychotique et me remercia d'avoir insisté sur la nécessité de l'hospitalisation, ajoutant :

– Tout ce que je demande dans la vie, c'est de rencontrer le gars qu'il me faut, d'avoir nos enfants et de mener ensemble une petite vie tranquille. Il me semble que ce n'est pas beaucoup !

Je me souviens de l'avoir encouragée, mais elle se mit de nouveau à pleurer après que je lui eus appris qu'elle ne pourrait arrêter les médicaments que progressivement et dans la mesure où elle ne rechuterait pas. Consternée, elle me répétait sans cesse :

– Mais avec ces médicaments, je n'ai pas de menstruations. Donc... je ne pourrai pas avoir d'enfants, et moi, je veux des enfants.

Je remarquai que son maquillage et sa tenue n'étaient pas impeccables, contrairement à ce qu'on s'attend chez une mannequin professionnelle. Je notai également au dossier un léger «émoussement de l'affect», ce qui signifie qu'elle avait perdu la capacité d'exprimer ses émotions avec nuances et chaleur. Il s'agissait là de signes dits négatifs de la schizophrénie, ainsi qu'on qualifie ces évidences de détérioration de la personnalité après chaque épisode psychotique dans la schizophrénie classique. Les nouveaux antipsychotiques modernes semblent assez efficaces à ce sujet, mais, en 1974, nous en étions bien dépourvus.

Par ce que ma famille et moi avons vécu avec mon handicap, j'avais aussi mal pour Lisa que pour sa mère. Une dame très bien, aussi brave qu'honnête, qui avait connu une vie bien difficile jusque-là et qui se débattait depuis quelques années avec l'emphysème et un cancer. Elle ne cessa jamais de me dire :

– Une chance que j'ai ma fille, et vous pour nous aider. Vous savez, elle est toute ma vie. C'est vraiment la prunelle de mes yeux.

Aucun de nous pouvait s'en douter, mais, progressivement, j'allais assister à la déchéance de Lisa.

Elle et d'autres malades mentaux allaient m'apprendre rapidement que les handicaps les plus graves ne sont pas les plus évidents.

Je n'ai aucun sens de l'humour ou de la diplomatie pour quiconque m'aborde avec quelque chose comme : «Pis, comment ça va avec tes fous?»

Je n'utilise les termes *fou* et *folie* que pour nos absurdités de gens dits sensés et normaux. Comme les guerres qui se succèdent avec une escalade d'horreurs, sans qu'on semble y apprendre quoi que ce soit. Ou encore le problème de la faim dans le monde qui s'intensifie pendant que les pays dits civilisés consomment au point de rendre la terre de plus en plus invivable. Pas besoin d'être intégriste pour exagérer.

18

Il est de nos personnalités comme des lits de rivière. Par personnalité, un psychiatre entend la façon habituelle par laquelle un individu entre en relation avec ce qui comprend la façon de se percevoir et de percevoir les autres et le monde. En psychiatrie, la compréhension de la personnalité du patient qui nous consulte est essentielle. Elle colore, porte et parfois cause le trouble psychiatrique.

Et comme les lits de rivière, les personnalités ont plusieurs façons d'être normales, ainsi qu'un cours d'eau peut être petit ou long, étroit ou large, profond ou pas. Chez l'humain, c'est ce qu'on appelle les traits de personnalité, et ça comprend les tempéraments chaleureux, méfiant, agréable, méticuleux, solitaire, etc.

Aussi normaux et riches que soient les traits de personnalité des gens, comme les lits de rivière tous peuvent connaître des problèmes et même être complètement dépassés selon les circonstances, surtout celles hors du commun. L'évaluation de nombreux vétérans de la Deuxième Guerre mondiale comme de celles de Corée et du Vietnam me l'a amplement démontré. Qui que nous soyons, nous avons tous nos limites devant l'horreur et l'impuissance.

Mais certains lits de rivière sont par leur nature même problématiques, et les ennuis futurs, immanquables. Ainsi, l'étroitesse soudaine d'un fleuve jusque-là très large, la roche friable des hautes rives d'une rivière étroite ou le peu de profondeur d'un ruisselet peuvent entraîner des problèmes.

En psychiatrie, cela s'appelle un trouble de la personnalité. Un psychiatre en rencontre régulièrement dans sa pratique et il doit rapidement au moins le suspecter. Le succès et les limites du traitement en dépendent, quelles que soient la souffrance et la motivation initiale du patient.

C'est malheureusement dans ma vie personnelle, par ma quadriplégie, que j'ai vécu mon baptême du feu avec une telle personne, Max B.

À mon premier réveil montréalais, mon préposé ne se présenta pas. Trois heures plus tard, il me fit savoir que ce travail ne l'«intéressait» plus.

Si le jockey ne peut compétitionner sans son cheval, sans son préposé le quadriplégique ne se lève même pas. Chaque fois que ça arrive – ce qui fut rare dans mon cas, heureusement –, ça vous rappelle que pour un quadriplégique la pouponnière n'est pas entièrement chose du passé. Je dépends de mon Guy et de mon Émile, mes deux préposés du matin, qui me lèvent, me lavent, m'assistent dans mes besoins les plus élémentaires. Chaque jour de ma vie. Ça nourrit plus l'humilité que le narcissisme. En tout cas, chaque matin de ma vie me claironne d'abord que je suis quadriplégique. Au fil des jours, des mots comme *dépendance, compromis, solidarité* s'imposent. Oui, nous sommes une chaîne.

Ce premier matin montréalais, Denis, devenu mon beau-frère, s'occupa de moi. Les deux semaines qui suivirent, matin et soir, M. Langlois et Jimmy Deakin, mes deux ex-préposés de l'Institut de réadaptation de Montréal, se relayèrent en m'ajoutant généreusement à leur quotidien déjà surchargé.

Nous cherchions tous en vain un remplaçant quand un de mes patrons à l'hôpital me parla de Max B. Des années plus tôt, il s'était occupé de son père, devenu hémiplégique, pendant plusieurs mois. Mon patron ajouta même :

– Il est libre. Il travaille comme mécanicien, mais préfère de loin les soins à domicile. Il voudrait d'ailleurs démarrer sa propre affaire dans ce domaine-là.

Je le rencontrai le soir même en compagnie de Jimmy. Grand, mince, les cheveux blonds très longs et ondulés, tout habillé de noir, les manches attachées aux poignets, il nous salua poliment, mais froidement, en anglais, sans enlever ses verres fumés.

Pour ouvrir le jeu, je posai quelques questions sur son expérience et ses références. Il me dit qu'il n'avait à peu près pas travaillé comme préposé aux bénéficiaires, mais que la mécanique ne l'intéressait plus. Il avait cependant une lettre certifiant qu'il avait suivi un stage de formation.

Jimmy scruta la lettre. Comme il connaissait l'instructeur, il lui téléphona. Ce dernier lui confirma que Max avait été un excellent étudiant.

– Jacques, il a l'air correct. Il est un peu rouillé mais ça va revenir vite. De toute manière, tu n'as pas le choix. Hubert Langlois et moi, on travaille de soirée. On arrive tard. On se lève tôt le matin. Tout le monde est épuisé. On ne pourra pas tenir, et toi non plus.

Je demandai à Max B. quand il pourrait commencer. Il répondit laconiquement :

– Immédiatement.

Il se présenta donc le lendemain matin, et le reste de la semaine, à l'heure entendue. Toujours aussi froid mais poli. Tout se déroula très bien, tant le lever, la toilette et les autres soins que les allers-retours entre l'appartement et l'hôpital.

Tout se déroula bien, donc, jusqu'au premier samedi soir, où il ne se présenta pas à vingt-trois heures, comme convenu, mais à deux heures et demie du matin.

Il entre, haletant. Il s'excuse, alléguant un problème de moteur, et me couche rapidement, sans aucune délicatesse. Avant qu'il ne parte, je lui demande si je peux compter sur lui le lendemain. Il me répond, sur un ton qui n'accepte pas de réplique, que je n'ai pas à m'inquiéter, qu'il sera là sans problème.

Le lendemain, c'est avec trois heures de retard que Max se présente. Il s'excuse encore, mais n'élabore pas.

Frustré, je lui fais remarquer que je ne peux pas me permettre de telles situations. Il me répond ironiquement qu'il sait très bien ce qu'il en est. Il s'excuse une autre fois et me répète de ne plus m'inquiéter.

Le problème, c'est que Max récidiva, et très souvent.

C'est alors que mon colocataire s'est révélé extrêmement compréhensif et aidant. Notre amitié ne fera que grandir à partir de là. Jacques Leclerc et moi développons donc une routine. Quand il est de garde, il m'appelle régulièrement afin de s'assurer du bon déroulement des opérations. Je ne veux surtout pas impliquer ma famille à Québec. Il ne faut pas qu'ils s'inquiètent. Je veux m'arranger tout seul.

Trois autres semaines passèrent ainsi. Pas moyen de trouver quelqu'un d'autre. Jos Laliberté, mon ex-bûcheron devenu paraplégique et conseiller à l'Association des paraplégiques, me répète à chacun de mes appels :

110

– Jacques, si t'as un préposé, garde-le! Ils sont rares. T'as pas le choix!

Début septembre, j'étais épuisé. Pas tant par le travail que par Max. Les retards s'accumulaient. Il m'avait échappé une fois par terre par négligence. Je m'étais fendu le front et noirci un oeil. En voiture, il avait embouti le pare-chocs arrière d'un véhicule, puis il était sorti en courant, accusant le vieux conducteur de lui avoir reculé dedans. Et il tempêtait continuellement contre sa femme qu'il accusait de toutes les ignominies. N'en pouvant plus, je décide d'aller me reposer pour la longue fin de semaine du Yom Kippur dans le Bas-du-Fleuve, au chalet de Nicole, ma cousine et grande sœur mariée à Martin, médecin à Trois-Pistoles. À la dernière minute, mon conducteur se désiste. Ne voulant pas inquiéter ma famille à Québec, je m'apprête à tout annuler quand Max me dit :

– Écoute, Jacques. T'es fatigué. Moi aussi. Tu ne le sais pas, mais ma femme est de plus en plus impossible. Elle monte ma petite fille contre moi. Elle est au courant pour Linda, ma nouvelle blonde. Je pense que l'air de la campagne me changerait les idées. Je vais te descendre à Trois-Pistoles.

La fatigue aidant, mon jugement s'étiole. Contre toute logique, j'acquiesce.

En chemin, Max m'apprend que ses retards étaient dus au fait qu'il était tombé amoureux de Linda, une prostituée et une toxicomane. C'est pour ça que sa femme lui avait dit qu'elle le laissait. Il ajoute encore :

– Mais tu sais, ma femme, je l'aime. Faut pas qu'elle me laisse. Je ne peux pas vivre sans elle. Sans ma petite fille non plus.

À soixante kilomètres de Montréal, aux environs de Saint-Hyacinthe, il me lance tout d'un coup :

– Je suis tellement malheureux que si je m'écoutais, je me lancerais contre un pilier de viaduc!

– Pardon? Contre un pilier de viaduc... avec mon véhicule... et moi à bord?

– Non, non. T'inquiète pas. J'te ferai pas ça.

L'atmosphère devient lourde et inquiétante, parce qu'à toutes les trente minutes il me reparle des piliers de viaduc...

Au début, j'ai très peur. Puis, hypocritement, j'essaie de le soutenir. Ensuite, je me choque, puis me déchoque, et la peur revient. Et je le supplie. Rien n'y fait. Il reste silencieux. Régulièrement, il reprend le refrain des piliers de viaduc. Tout d'un coup, à la hauteur de Québec, j'ai une idée. Et si on se rendait chez mes parents.

Vis-à-vis de Saint-Nicolas, à quelques minutes à peine de la bretelle menant au pont Pierre-Laporte, il me parle à nouveau de son désir de *nous* suicider.

– Écoute, Max. Je te comprends très bien. Mais je suis plus qu'épuisé. Je suis à bout de nerfs. On va prendre à la prochaine sortie. On va aller chez mes parents à Sainte-Foy. Là, à tête reposée, on décidera de ce qu'on va faire pour le reste du voyage.

– Non, qu'il me répond. Je préfère continuer jusqu'à Trois-Pistoles.

– Max! Je t'en supplie : on va chez mes parents! Je n'en peux plus. J'ai besoin d'arrêter.

– Excuse-moi, Jacques. Ça va aller, tu vas voir. Ce qui importe, c'est qu'on arrive à Trois-Pistoles. Là, je sais que je vais pouvoir me détendre, et toi aussi.

Impuissant, je vois passer la sortie. J'ai peine à contenir mon calme. Je le sens inflexible.

Soixante kilomètres plus loin, à Montmagny, la même rengaine de pilier qui repart.

J'y vais à nouveau de mes suppliques, de ma compréhension, de ma colère. Rien n'y fait. J'en pleure intérieurement de rage et d'impuissance.

Finalement, trente-six piliers et trois heures plus tard, nous arrivons au chalet de Nicole et Martin. Max coupe le contact et sort en courant pour entrer dans le chalet, sans frapper.

Au bout de quarante secondes, Nicole et Martin apparaissent.

– Jacques, qui c'est ce gars-là? Toi, est-ce que ça va?

J'allais éclater en pleurs quand je réalise qu'il y a plein de membres de la famille et d'amis avec eux. Pas question de les inquiéter. Il faut que je m'arrange à Montréal sans eux.

Au cours des deux jours qui suivent, des cousins, cousines, oncles et tantes viennent tour à tour me rendre visite au chalet. Pendant tout ce temps, Max, toujours vêtu de noir, ne se change pas, ne dort pas, ne mange pas, ne se rase pas, ne se lave pas. Il fume cigarette sur cigarette, ne parle à personne. Aux vingt minutes, il appelle à Montréal à frais virés, toujours au même numéro. Chaque fois, après quelques secondes d'attente, il ferme l'appareil abruptement, évidemment frustré.

Je raconte à Nicole et à Martin qu'il est en instance de séparation. Je ne leur parle pas de ses propos suicidaires en descendant. Surtout, ne pas les inquiéter.

Dès le premier soir, Nicole et Martin quittent le chalet pour rentrer chez eux, à quelques kilomètres de là. Le chalet est trop petit pour nous tous.

Au début de la troisième nuit, je suis soudainement éveillé par les cris de Max au téléphone.

– Mais je t'aime! Ne m'aimes-tu pas, toi? Ça ne veut rien dire pour toi qu'on ait été douze ans ensemble et qu'on ait une petite fille?

Il y a un long silence. Il raccroche violemment le téléphone.

– Max? Max? que je lance.

Pas de réponse. Long silence. Puis, après cinq ou six minutes, j'entends un bruit de tiroir qu'on ouvre dans la cuisine, puis celui d'une main qui fouille dans la coutellerie.

– Max! Max!

Toujours pas de réponse.

Et tout d'un coup, un cri. *Ouch!*

– Max! Max! Réponds-moi!

Quinze autres secondes, puis un deuxième *Oooutch!* Et deux autres encore. Je l'appelle de nouveau, sans succès. Je reste là, paralysé et impuissant au fond de mon lit. Terrassé de peur et d'angoisse. Il y a bien un téléphone à côté de moi. Mais à un mètre. C'est comme trois kilomètres.

Un autre silence. J'attends toujours.

Je m'essaie encore :

– Max? S'il te plaît, Max, réponds-moi!

Enfin, il répond :

– Oui, oui, Jacques. J'arrive.

Quatre, cinq pas, puis il entre dans la chambre en allumant la lumière. «Ça ne se peut pas! C'est du Hitchcock!» que je me dis.

Il est là, devant moi, saignant abondamment des poignets et du cou. Sa chemise et son pantalon noirs sont maculés de sang.

– Max! Qu'est-ce que t'as fait là? Max!

– Rien, Jacques. C'est juste que je veux en finir.

– Écoute, Max, que je lui lance en essayant d'avoir l'air calme. Le téléphone est juste là. On va appeler Martin. Il est médecin. Il va venir te faire des points. Tu vas être correct!

– Non, Jacques. Je veux mourir.

– Mais, Max, te rends-tu compte que tu fais ça… là… devant moi? Que je suis complètement impuissant? Tu ne peux pas me faire ça!

– Désolé, Jacques.

– Désolé? Tu es désolé! Eh bien, mon vieux, ça fait trois jours que tu me casses les pieds. T'es pas lavé, pas rasé, tu manges pas, tu fumes. Tu dis pas un mot à personne. Et maintenant tu me dis que t'es désolé!

– Je suis vraiment désolé. Vraiment!

Là-dessus, il éteint la lumière. Je me reprends.

– Écoute, Max. J'ai vraiment manqué… d'humanité. Je te fais mes excuses. Mais parlons un peu. Après… tu pourras toujours faire ce que t'as envie de faire.

Malgré mon angoisse et ma stupeur, le médecin en moi resurgit : son sang coule, mais ne gicle pas. « Du sang veineux, que je me dis. Rien d'artériel. C'est moins dangereux. S'il ne va pas se mettre les mains à l'eau, ça va coaguler. Il sera correct. »

– Viens, Max, qu'on se parle. Mais avant, mets-toi des sparadraps au cou. C'est pas beau à voir.

– Ça ne sera pas nécessaire. Je vais juste m'asseoir là. Dans le noir, tu ne verras rien.

Il s'assoit et puis se raconte, comme jamais il ne l'avait fait avant. Ce furent de longues confidences.

– Tu sais, tu es quadriplégique, mais t'es chanceux. Moi, ma mère était ballerine, lesbienne et pauvre. Puis elle a rencontré mon père. Il était riche. Elle ne l'aimait pas, mais elle n'en pouvait plus de crever de faim.

Il m'apprend que rapidement elle était devenue enceinte. Dès cet instant, son père ne s'intéressa plus à elle, ni à Max par la suite. Il ne revenait à la maison qu'avec des filles. Ils s'engueulaient tout le temps. Ils organisaient des partouzes. C'est ainsi que Max avait fini par être agressé sexuellement. Il en était devenu bisexuel. Puis, ce furent les drogues. Toutes. Les manches longues, c'était pour cacher les cicatrices des injections. Sa femme avait tout supporté et les faisait vivre parce qu'elle voulait que sa fille ait un père. Mais quand il avait rechuté en ramenant Linda à la maison, elle l'avait quitté.

– Mais moi, je ne peux pas vivre sans elle. C'est pour ça que je veux mourir.

Puis il se tait, et s'endort.

Moi, par contre, je suis incapable de dormir. Aux heures, je l'appelle timidement :

– Max?

Il répond laconiquement :

– Oui, Jacques. Je suis en vie.

À sept heures le lendemain matin, Nicole et Martin apparaissent.

– Mais qu'est-ce qui s'est passé? Qu'est-ce que tout ce sang? Jacques! Jacques!

– Ça va, ça va, je suis correct. S'il vous plaît, occupez-vous de Max.

Une nuit d'horreur. Mais grâce à Max j'ai compris, et pour toujours, qu'il y a des gens qui vivent avec, enfouies profondément en eux, d'atroces souffrances remontant à l'enfance. Celles-ci ne sont pas complètement enfouies, cependant, puisqu'elles s'expriment dans des scénarios répétitifs. Des espèces d'automatismes permettant de continuer à vivre sans trop souffrir, mais qui n'en sont pas moins sources d'ennuis continus pour eux et les personnes qui les croisent.

L'aide qu'on peut apporter à ces gens est limitée, à moins qu'ils soient motivés à changer en supportant les confrontations et les remises en question fondamentales, toujours très douloureuses et imprévisibles quant aux résultats.

Max et ses semblables, avec leurs problèmes plus ou moins apparents de lit de rivière, m'ont aussi convaincu de la sagesse d'un vieux dicton médical : «Ce qui importe, ce n'est pas tant la sorte de maladie qu'a une personne, mais la sorte de personne qui a cette maladie.»

19

À l'Hôpital général juif, l'approche psychanalytique, axée sur l'influence de l'inconscient sur nos symptômes comme sur le déroulement de nos vies quotidiennes, prévaut.

Je suis fasciné par cette approche!

Surtout parce que des gens s'améliorent devant moi dans des secteurs de vie tout à fait imprévisibles. Indépendamment de la plainte initiale, qui peut être : « Docteur, je ne dors plus... » ou « Je veux mourir... » ou « J'ai peur des ascenseurs... » ou encore « Mon chien est mort et je n'arrive pas à m'en remettre. »

Tout d'un coup, à mesure que j'explore avec eux des aspects de leur psychologie dont ni eux ni moi ne soupçonnions jusque-là l'existence, des changements inattendus surgissent.

Par exemple, une femme au début de la quarantaine, présidente-directrice générale d'une importante compagnie léguée par son père, se plaignait d'attaques de panique de plus en plus fortes lorsqu'elle prenait l'avion :

– Docteur, dès qu'on ferme la porte, j'ai peur! J'ai peur de mourir ou de devenir folle. Je tremble. Mon cœur palpite. Je sue à grosses gouttes. Je demande à sortir. Ça n'a pas de bon sens. Mais je n'ai pas le choix, je dois prendre l'avion pour rester en affaires.

Ses attaques de panique s'étaient révélées réfractaires à tous les médicaments essayés ainsi qu'à une psychothérapie de type comportemental où on l'avait exposée de plus en plus souvent à sa situation phobique.

Je la voyais depuis deux mois, deux fois par semaine, sans grand succès, jusqu'à ce qu'à la fin d'une séance elle me déclare :

– Docteur Voyer, hier j'ai rêvé à vous. Vous étiez parti, comme ça, sans laisser d'adresse. Je ne pouvais plus vous voir.

Nous devions malheureusement nous quitter là-dessus puisque le temps alloué pour notre rencontre était terminé. Je précisai toutefois qu'à la prochaine séance nous pourrions analyser ensemble ce rêve. Cependant, elle ne se présenta pas aux deux rendez-vous suivants, m'appelant chaque fois pour s'excuser et prétextant un oubli de la part de sa secrétaire.

Au rendez-vous suivant, elle arriva avec vingt minutes de retard. Comme je lui soulignais les deux séances annulées, son retard et son fameux rêve que nous devions explorer, elle me demanda :

– Alors, qu'est-ce qu'on fait?

Je lui dis qu'elle devait simplement me parler de ce qui lui venait à l'esprit.

Après un long silence, elle me confia :

– Mon père était tellement préoccupé par la compagnie qu'il m'a oubliée pendant toute ma jeunesse. Ah, je ne vous l'ai pas dit, mais il est mort dans un avion.

Pendant plusieurs semaines, nous avons donc sondé toutes les blessures qui subsistaient encore par rapport aux ratés de sa relation avec son père. Puis un jour elle mentionna :

– Ça va beaucoup mieux nous deux, mais mon mari avait l'intention de me laisser quand j'ai commencé à avoir des attaques de panique. Tout ce qu'il m'a dit, c'est qu'il en avait assez d'être toujours le grand oublié. C'est vrai : je m'étais un peu trop investie dans ma compagnie... comme mon père. Bizarre !

Un autre patient se plaindra initialement de la façon suivante :

– Docteur, j'ai enfin rencontré la femme de mes rêves. Mais c'est à n'y rien comprendre : je n'arrive pas à m'engager. Pourtant je l'aime. Elle commence à être tannée et je la comprends.

Six mois plus tard, j'entendrai, à ma propre stupéfaction :

– Vous savez, docteur, l'autre jour, vous m'avez demandé ce que signifiait mon lapsus «Je suis né pour un petit sein» plutôt que «pour un petit pain»... J'en ai parlé à mes sœurs qui m'ont fait remarquer que j'ai toujours eu de la misère à me gâter et que c'était la première fois que j'avais une blonde si généreuse, si agréable, si intéressante et... avec de beaux gros seins en prime... Jusque-là, j'étais plutôt amateur du genre planche à laver, sèche et désagréable à tous points de vue. Bizarre, hein ?

Et tout ça vient, petit à petit, juste à écouter les patients. En étant attentif. Intéressé. «C'est fait parfait pour un naïf comme moi», que je me dis. Écouter... Pas de plan préconçu... Juste rester ouvert à ce qui apparaît peu à peu en sondant ces gens. Tel ce sculpteur qui me disait : «Tu sais, la sculpture, c'est dans la pierre que je la découvre, au fur et à mesure.»

Pourtant, Dieu sait que j'étais réticent, sceptique au départ. Simple stagiaire en troisième année de médecine, j'avais confié au Dr Mongrain, psychanalyste chevronné, que pour moi l'inconscient, la psychanalyse, Freud, c'étaient du domaine du littéraire. Il m'avait répondu :

– Moi aussi, au début, je pensais que ce n'était que de la fiction et même... de la fraude, que Freud était, au mieux, un grand névrotique ou, plus probablement encore, un grand fraudeur intellectuel de génie. Mais prends le cas d'aujourd'hui : madame fonctionne pendant vingt-sept ans avec un mari alcoolique, violent, qui la bat. Il lui fait dix enfants, tout en courant les jupons comme c'est pas possible. Elle a toujours fonctionné, en travaillant comme couturière quatre-vingt-dix heures par semaine pour faire vivre ses enfants, tout en berçant la nuit ceux qui étaient malades. Et puis, avec les années, elle s'est fait enlever la vésicule biliaire, ensuite l'utérus, un bout d'intestin, un ovaire, et il a fallu l'ouvrir encore à sept ou huit reprises pour ce qu'ils appellent des adhérences. Et jamais elle n'a vu de psychiatre! L'autre matin, son chirurgien, qui la connaît bien et qui l'aime comme on en vient à aimer les patients qui nous consultent depuis des années, lui dit, mi-sérieux, mi-ravi : «Madame, toutes mes sympathies, mais... vos ennuis sont terminés! Oui, votre épouvantable mari a été tué cette nuit dans un accident d'automobile en pleine tempête de neige avec une de ses maîtresses. Encore une fois, madame, mes sympathies. Mais sachez qu'on est tous bien contents pour vous et vos enfants.» Eh bien, non seulement elle n'a pas sauté de joie, mais elle s'est tapée une dépression qui résiste à tout, même aux électrochocs. Rien ne l'en sort. Comment expliques-tu ça, autrement que par une intense relation sado-masochiste inconsciente?

Et l'histoire de cette femme fut pour moi la première de toutes ces autres histoires incompréhensibles, sans hypothèse psychodynamique, ainsi qu'on qualifie les théories qu'élaborent les psychiatres sur les motivations inconscientes des symptômes et des vies des gens qui les consultent.

* * *

À l'Hôpital général juif, j'ai aussi rencontré de nombreux survivants des camps de concentration de la Deuxième Guerre mondiale. À part en Israël, c'est à Montréal qu'ils se sont établis en plus grand nombre.

Je fus, et je reste, énormément touché par leurs souffrances, leurs pertes, et les récits qu'ils ont bien voulu partager avec moi. Je garde pour eux, au fond de moi, une tristesse à la fois attendrie et admirative, tout comme, à jamais, la méfiance des tribuns et des porte-parole.

Par ailleurs, j'ai été très surpris quand je me suis rendu compte que plusieurs d'entre eux n'avaient à peu près pas partagé leur histoire avec d'autres que moi.

– Quoi? Après tout ce que vous avez souffert! Après avoir perdu vos parents, vos frères, vos sœurs, presque tous les gens de votre village! Après avoir été si admirable, vous n'en avez jamais parlé? Même pas à vos enfants?

– Très peu, docteur. J'avais honte.

Grâce à eux, j'en suis venu à me dire que je n'avais pas plus qu'eux à vivre dans la honte de qui j'étais et de ce que j'avais vécu. À m'isoler chez moi après le travail, obsédé par les réactions de gêne, de pitié ou d'horreur que pourraient exprimer des quidams dans la rue.

J'entrepris donc une première démarche en psycho-thérapie psychanalytique. Tel que je l'avais annoncé au Chat quelques années plus tôt.

* * *

Le docteur G., une psychiatre chevronnée dont j'adorais les yeux à la fois tristes et amusés autant que les sourires radieux qui lui échappaient irrégulièrement, m'amena à mieux me comprendre et, ainsi, à mieux m'intégrer. Que de liberté inattendue! Comme pour tant de patients que j'avais traités.

Je me suis réconcilié avec la légitimité de ma nouvelle vie plutôt que de continuer à éprouver la honte éternelle de mes pertes.

«Une psychothérapie, vue de l'extérieur, ressemble beaucoup à regarder du gazon qui pousse», me dit un jour un de mes superviseurs. Cependant, elle comporte parfois des moments intenses. De cette première psychothérapie, je me souviens plus précisément de cet échange, à un de mes retours de vacances :

– Ah... mes parents! Je suis donc tanné de leur «Jacquot, c'est donc d'valeur ce qui lui est arrivé». Un de mes amis dit qu'ils vont passer leur vie à se demander ce que je serais devenu sans ce maudit accident!

– Mais ça n'est pas de valeur? demande le docteur G. de sa voix douce et en posant sur moi son beau regard d'épagneul triste.

Long silence... Long, long silence...

Et puis, sanglots... sanglots... beaucoup de sanglots.

20

Après cette première démarche de psychothérapie, comme libéré des deuils de mes proches que je ne pouvais faire à leur place, je retrouve en prime ma curiosité et, par la même occasion, mes vieilles énergies du plaisir d'apprendre et de comprendre. Je n'avais plus honte d'être un docteur en fauteuil roulant à l'hôpital! J'y «performais» même de plus en plus. Mais dans ma vie personnelle, un malaise subsistait. Une fois rentré chez moi, j'y demeurais. Je ne sortais pas, empêché par une pudibonderie qui n'avait pas complètement disparu. Je fuyais le regard de ceux qui ne me connaissaient pas comme docteur. Ce sont mes patients qui m'ont sorti de cette impasse, et pas tant par leurs progrès cliniques que par martelage.

Lorsqu'on est membre d'une communauté visible, qu'elle soit raciale, économique, sexuelle, handicapée ou autre, on tend à se tenir avec les gens qui ne voient plus notre différence. Ainsi, dans mon cas, les personnes que je fréquente finissent toujours par me dire : «Tu sais, Jacques, avec le temps, on ne la voit plus, la chaise.»

Un médecin rencontre toutes sortes de gens dans sa pratique. Pas le choix : souffrances obligent. J'évalue donc constamment de nouvelles personnes. Régulièrement, elles me confrontent à des variantes inattendues de réactions à mes évidentes difficultés. C'est ce que j'appelle le martelage.

C'est parfois immédiatement évident.

– En vous attendant, docteur, j'ai entendu le bruit de moteur de votre fauteuil roulant comme vous passiez, me dit en s'assoyant dans mon bureau, sa canne blanche sur les genoux, ce monsieur, du type «pète-sec» irritant, mais non moins aveugle depuis six mois à la suite d'un accident opératoire.

Il ajoute :

– Sans vouloir vous offenser, je me suis dit : en plus, cette bande d'incapables de médecins m'a envoyé à un maudit handicapé!

La forme du martelage peut aussi prendre une teinte beaucoup plus sympathique. Ainsi, c'est plutôt en affichant un large sourire de satisfaction qu'un cadre supérieur, très altier de port et d'allure, entre dans mon bureau. Il m'apprend pourtant que sa carrière vient tout juste d'être irrémédiablement brisée à la suite de sa mauvaise performance des derniers mois. C'est à cause, précise-t-il, d'une énième peine d'amour après une rupture avec une énième fort jolie femme beaucoup plus jeune que lui. Il pointe son index sur mon visage et, sans arrêter de sourire, il me confie chaleureusement :

– Dans la salle d'attente, je vous ai vu passer. J'espérais que c'était vous, le docteur Voyer. Parce que rien qu'à vous voir on imagine un peu par où vous êtes passé, et je me suis dit : «Lui, je sais qu'il va pouvoir m'aider!»

Ou alors, le martelage revêt un aspect plus aigu. Un jour, à l'urgence, j'entre dans la salle d'examen où deux préposés retiennent difficilement sur sa civière, malgré des contentions, un grand psychotique en phase aiguë qui y avait été amené par quatre policiers. Je dois décider de la médication requise. Beaucoup plus psychotique que maîtrisé, il relève la tête, et me foudroyant du regard, hurle :

– Toi, lève-toi et marche! Ton messie te l'ordonne!

Oh! que j'ai appris à préférer ces réactions immédiates aux plus sournoises et insidieuses dont on prend conscience seulement des mois et même des années plus tard! Comme le révèle le cas suivant.

Six ans après une seule rencontre avec cet homme, je reçois une citation à comparaître de la partie défenderesse, pour témoigner dans une poursuite civile. À la fin de sa réadaptation, son médecin m'avait demandé d'évaluer le risque de récidive, puisqu'il s'était fracturé le bassin et les deux jambes en tentant de s'enlever la vie.

J'étais déjà très courroucé d'être en cour. Comme d'habitude, l'huissier ne s'était présenté chez moi que deux jours avant ma comparution et j'avais dû annuler à la dernière minute tous les rendez-vous de cette journée, sans être certain de ne pas devoir en reporter d'autres – on ne sait jamais combien de temps il faudra demeurer au tribunal. Et puis, retrouver le rapport de cette consultation parmi tant d'autres, avec le seul nom du patient, m'avait pris des heures.

Mais voilà qu'au tribunal l'avocat du défendeur en rajoute. Mon ex-patient d'une heure, six ans plus tôt, allègue maintenant être gravement et à jamais déprimé et suicidaire à cause de son employeur. Sous serment, il a bien admis qu'un psychiatre en fauteuil roulant l'a évalué à sa sortie de l'hôpital et l'a alors déclaré sain d'esprit et non suicidaire. Mais ce psychiatre ne l'aurait vu au plus que quinze ou vingt minutes, passant presque tout ce temps à lui parler davantage de ses propres malheurs que de son état clinique à lui, le patient.

Je bous! Je bous! Non : je pompe!

– Monsieur le juge, non seulement monsieur ment, mais il a ajouté l'insulte à l'injure. Conformément au serment que j'ai prêté, je déclare que je ne peux pas évaluer le risque suicidaire d'un patient que je ne connais pas en moins de soixante minutes. Donc, je l'ai vu soixante minutes au minimum.

Je dévoile ensuite son autre mensonge :

– En apercevant monsieur, je me suis souvenu précisément de notre rencontre, une consultation pour évaluer un risque suicidaire. Son médecin était très inquiet de l'autoriser à quitter l'hôpital sans qu'il ait suivi de traitement psychiatrique comme tel. Or voilà que dans sa chambre, monsieur m'accueille de façon fort sympathique, avec une quasi-désinvolture quant à sa situation. C'est pour ça que je ne peux l'oublier. Il m'a dit d'emblée qu'il comprenait que l'on veuille s'assurer qu'il n'était plus déprimé ni suicidaire. Pour me demander immédiatement : «Mais vous, docteur, qu'est-ce qui vous est arrivé?» Monsieur le juge, je jure que je lui ai répondu ce que je réponds systématiquement à tout nouveau patient : «Oh moi, je me suis cassé le cou dans une piscine en 1970. Que voulez-vous : on ne choisit pas ses malchances!» Et comme dans tous les autres cas, j'ai immédiatement relancé mon examen clinique en lui disant : «Pour en revenir aux questions de votre médecin…» Je considère qu'il y a atteinte à ma réputation et à mon professionnalisme, monsieur le juge, parce que si ce que monsieur dit était vrai, alors je serais encore plus handicapé psychologiquement que physiquement. Pire, je ne mériterais pas l'honneur d'être médecin si je profitais de mes rencontres avec des patients pour leur confier mes malheurs plutôt que d'évaluer les leurs.

L'homme a perdu sa cause. Et vlan!

* * *

En psychothérapie psychanalytique, l'exploration des fantasmes inconscients de mes patients, pendant deux, trois ou même vingt ans, comprend ceux qui leur viennent à mon égard. C'est ce qu'on appelle le transfert. La plupart du temps, les patients confondent le thérapeute avec des personnes significatives de leur vie, surtout celles de leur enfance. Inévitablement, mes limites physiques si évidentes colorent ce transfert.

J'avoue que pendant longtemps j'en étais gêné, agacé même. Je me disais que mon handicap introduisait une complication, voire une contamination, nuisible au développement normal de la psychothérapie. Pourtant, mes patients s'amélioraient et j'aimais les traiter de cette façon. Je me disais quand même que si j'étais un thérapeute normal, les patients s'amélioreraient peut-être davantage et plus rapidement.

Mes inquiétudes et un nouveau refus, cette fois à titre de candidat à l'Institut canadien de psychanalyse, à Montréal, m'amenèrent à me payer une supervision d'une dizaine d'années avec un psychanalyste chevronné, qui fut merveilleux pour moi : Douglas B.

Physiquement, c'était une espèce de capitaine Haddock, mais en plus malingre et précocement blanchi. Quant à sa psychologie, son extrême professionnalisme m'interdit encore d'y faire toute allusion parce qu'il pratique toujours, avec la même fougue, la psychanalyse. Moins ses analysants actuels en savent sur lui, plus il est assuré que ce qu'ils lui disent vient surtout d'eux et non d'ailleurs.

Chaque semaine, je le rencontrais pour qu'il m'aide à y voir plus clair dans mon travail de thérapeute. Je lui parlais donc des cas qui me donnaient le plus de fil à retordre, la plupart du temps ceux où il y avait blocage pour des raisons qui m'échappaient. Il fut pour moi un superviseur aussi brillamment intuitif que passionnément rigoureux. Ces mêmes qualités lui permirent, plus que tout autre superviseur avant lui, de mieux détecter les fantasmes des patients portant sur mon handicap et de me faire comprendre qu'ils étaient des révélateurs de leur psychologie et non des barrières à son expression.

Comme chez cette femme, agressée sexuellement dans son enfance, pour laquelle mon handicap devient rassurant parce que, dans sa tête, comme dans celles de plusieurs autres d'ailleurs, je suis asexué.

Il y a aussi cette autre femme, dont le fantasme est dans la même veine, mais plutôt parce qu'elle est paniquée à l'idée de perdre le contrôle de ses émotions et de ses désirs.

– Docteur Voyer, ce qui me vient à l'esprit en vous voyant assis et fixe dans votre chaise avec votre petite bedaine et votre calme, c'est que vous êtes comme mon bouddha vivant.

– Sans émotion et sans désir comme vous aimeriez tant arriver à être, que je lui réplique, l'incitant à amorcer une plus grande exploration de ses craintes à ce sujet.

Une autre réaction est celle du brillant universitaire, fils d'un père qu'il n'a jamais connu parce qu'il est mort dans un camp de concentration. Le fait d'entrer dans mon bureau s'accompagne chez lui d'un endormissement immédiat. Un endormissement qui m'atteint aussi de plus en plus, aussi bien avec le patient que dans mes rencontres de supervision. Jusqu'à ce que Douglas B. s'écrie :

– Jacques, tu vois bien qu'il communique par ton corps paralysé avec son père décédé. Pour lui, en dedans, ton corps est mort. C'est évident, voyons !

Évident, et en même temps fou comme idée, mais quelle merveilleuse interprétation pour ce patient à sa prochaine séance! Il se réveille et moi aussi. Il me parle alors de tant de sentiments endormis jusque-là quant à son père.

Les variantes de transferts sont nombreuses. Je passe du puni des dieux au futur grand saint, de l'accidenté parce que ivre ou drogué au vétéran de guerre blessé. Certaines de ces réactions inconscientes sont presque devenues des classiques pour moi. Ainsi, en début de psychothérapie, un commentaire particulièrement significatif et percutant amènera souvent un nouveau patient à me dire :

– Docteur, ça va peut-être vous surprendre, mais imaginez-vous donc que la nuit passée j'ai rêvé de vous. Vous étiez dans votre chaise et tout d'un coup : vous vous levez! Je n'étais même pas surpris. Bizarre, n'est-ce pas?

Eh bien non! Dans l'inconscient des humains, il semble que le handicap physique et celui d'ordre mental se confondent. C'est ce que ces patients m'expriment quand ils associent ainsi mes capacités intellectuelles avec mon handicap physique. De la même façon, je ne suis plus surpris quand je me présente avec mon préposé à la réception d'un hôtel ou d'un transporteur aérien et qu'on me dise : «Bonjour, toi, ça va bien aujourd'hui?» Puis qu'on détourne le regard vers mon accompagnateur, debout, pour lui demander plutôt : «Et monsieur, que puis-je faire pour vous deux?»

À la fin d'une psychothérapie, plusieurs me confient qu'ils se sentent gênés, coupables, honteux, sans trop pouvoir se l'expliquer. Je leur réponds alors :

– Vous vous sentez guéri, mais je suis toujours dans un fauteuil roulant.

En me confrontant à toutes sortes de réactions par rapport à mon handicap, mon travail de psychiatre a peut-être retardé mon adaptation à cette vie dont je ne voulais vraiment pas au départ. J'ai parfois grincé des dents, mais je m'accorde un mérite : j'ai toujours tenté de demeurer professionnel ou, si l'on veut, de garder mes distances pour mieux aider.

Je crois y avoir gagné en richesse intérieure et en solidité, désormais certain que le préjugé se nourrit de l'ignorance et que le fréquenter le tue!

21

Ma dernière année d'études en psychiatrie ne fut pas des plus sereines. Les très bonnes évaluations, les dires des malades que j'avais évalués ou traités, l'estime évidente de bien des collègues résidents et de patrons ne me calmaient pas. Le «je vais leur montrer» qui m'était resté en arrière-pensée motivante, depuis qu'on m'avait refusé en psychiatrie à l'Université Laval, était devenu caduc.

«Bon, ils me disent tous que je suis bien fin, bien beau, bien intelligent, mais je suis encore en fauteuil roulant... Quel service de psychiatrie va vouloir d'un psychiatre en fauteuil roulant? Ne serait-ce que parce que je ne fais pas de gardes de nuit!»

Je finis par m'en ouvrir à mon patron d'alors, le docteur Austin Lee, un psychiatre et psychanalyste d'origine écossaise. Je lui dois beaucoup cliniquement. Il m'a appris à écouter mes propres fantasmes et à les combiner avec ceux de mes patients pour mieux comprendre ces derniers. Un outil supplémentaire dans mon coffre. Je lui dois aussi l'amour du scotch, des sablés et du porto.

Me fixant droit dans les yeux avec son regard d'épagneul sempiternellement triste et intelligent, affichant aussi son mince sourire des jours de «j'ai une bonne réponse, mais écoute mon *punch*», il me répond :

– Jacques (qui sonne comme *chalk* dans la bouche d'un Écossais), le Royal Victoria est un maudit bon hôpital. Même s'ils t'offrent de laver les vitres : *take it!*

Je pris immédiatement rendez-vous avec le directeur du service de psychiatrie du Royal Victoria, le docteur Maurice Dongier, psychiatre et psychanalyste. Français du Midi, il avait été l'un des trois évaluateurs à l'époque de ma demande d'inscription à McGill.

– Docteur Dongier, je voulais vous rencontrer pour vous informer qu'à partir du mois de janvier 1978 je serai disponible. Si jamais mes services vous intéressent, s'il vous plaît, faites-le-moi savoir.

– Eh bien... j'en prends note, qu'il me répond. Je vais y penser et je t'en reparlerai.

Je lui dis merci, pensant : «J'avais bien raison : ils hésitent.»

Ce même jour, je prenais aussi rendez-vous avec le docteur Henry Kravitz, directeur du service de psychiatrie à l'Hôpital général juif. Il me reçut trois semaines plus tard, en après-midi.

Mais quelques heures avant, le docteur Dongier m'avait fait venir à son bureau.

– Écoute... J'ai pensé à ton offre. Que dirais-tu d'inclure dans ta future description de tâches une journée par semaine à titre de consultant au nouveau service des soins palliatifs. Ils ont un psychiatre, mais il part pour Boston. J'ai repensé à ce que tu m'avais dit à notre première rencontre. Tu m'avais dit avoir réalisé, après ton accident, que la mort faisait partie de la vie. Je me suis dit que ça devrait t'aider dans ce genre de travail. En tout cas, je pourrais te libérer dès maintenant une

133

demi-journée par semaine de tes études de résidence pour que tu puisses agir tout de suite comme consultant. Le commentaire «même s'ils t'offrent de laver les vitres...» me revint immédiatement à l'esprit. «Des soins aux mourants? que je me disais. Moi qui reste dans l'auto avec papa qui a peur des morts pendant que maman entre au salon mortuaire pour offrir ses sympathies et mener la claque des *Je vous salue Marie!* Moi? Avec les mourants!»

Le docteur Kravitz, quant à lui, me laisse à peine terminer mon offre de service qu'immédiatement il répond :

– Bienvenue à bord! Que diriez-vous d'assumer la charge de notre service des soins prolongés en psychiatrie externe? Il y a un centre de jour ainsi qu'une clinique de stabilisation à long terme pour grands malades mentaux traités aux médicaments antipsychotiques. Si ça vous intéresse, nous... on l'est!

Journée dure, dure pour ma mauvaise estime de moi!

De plus, le matin, le docteur Dongier venait tout juste de me faire son offre d'emploi et moi de lui répondre «Je vais y penser» que le téléphone sonne au moment où j'allais entrer dans mon bureau.

– Docteur Voyer, je me présente, dit en anglais mon interlocuteur. Je suis Balfour Mount, le directeur du service des soins palliatifs. Le docteur Dongier m'a dit que vous étiez intéressé à venir travailler comme consultant chez nous. Je pense que c'est super!

– Oui... semble-t-il..., que je lui réponds avec le ton du gars de vingt-neuf ans convaincu qu'on vient de lui offrir un poste de laveur de vitre après dix ans d'études universitaires et post-universitaires.

– Docteur Voyer, je vous appelle pour prendre rendez-vous avec vous. Qu'est-ce qui vous convient?

– C'est vous le chef de service. Qu'est-ce qui *vous* convient?

– Oh! d'immédiatement à cet après-midi. Demain, je pars pour l'Australie donner une série de conférences. Ensuite, j'en ai une autre à donner à Oxford. Ensuite, je retourne à...

– Immédiatement, alors? que je lui suggère. Où est-ce que je me rends?

– Nulle part. J'arrive.

Le docteur Mount est un bel homme, grand, athlétique, l'œil doux et vif mais changeant. Il m'inonde d'abord d'une longue histoire du service, puis me le décrit :

– Dix-huit lits pour malades cancéreux en phase terminale. On s'y concentre sur la qualité de la vie et non sur sa quantité, faute d'espoir de guérison ou de rémission. C'est le contrôle des symptômes, surtout de la douleur, qui prévaut. En gros, nous avons adopté une approche biopsychosociale et spirituelle. Comme vous le savez sans doute, ajoute-t-il, tel un pêcheur à la ligne.

– Non. Je ne sais pas. Et pour moi, la spiritualité fait partie du psychologique et du social. Là-dessus, je suis plus freudien que religieux. Freud a dit que Dieu a été inventé par les hommes parce qu'ils n'acceptaient pas d'être des petits bouchons flottant sur l'océan.

– Vous voulez dire que vous n'êtes pas croyant?

– Pas tellement. Disons que... bon petit bouchon, ça me va. Tout ça pour dire que je suis agnostique. Autrement dit, je ne sais pas.

– Ah... c'est embêtant! me répond-il faiblement, le regard d'un coup intensément déçu.

– Pourquoi?

– Parce que je ne crois pas qu'un non-croyant puisse durer dans un travail auprès des mourants...

Puis, se rappelant à l'ordre et réactivant son enthousiasme courtois du début, il me lance, avec un large sourire :

– Ce serait fabuleux de vous avoir avec nous, docteur Voyer. Si vous voulez, on peut vous arranger une visite pour voir.

* * *

J'y suis toujours, vingt-quatre ans plus tard. Parce que : quelle école!

Que de courage chez tant de malades qui semblent plus accaparés par leur petit train-train quotidien d'hôpital que par leur mort imminente.

Que de générosité chez le personnel dans cette incessante bataille pour le maintien de la dignité jusqu'à la fin, quoi qu'il arrive.

J'attends toujours le don de la foi en Dieu, mais mon émerveillement devant la beauté, la grandeur et la puissance de la solidarité humaine face à l'adversité s'approche probablement du mysticisme. En tout cas, je m'admets béatement dépassé.

Il y a très peu de témoins, cependant, de ces grands drames humains. La foule préfère les stades sportifs et les salles de spectacles et de cinéma. L'épopée des mourants, comme celle des grands malades et des handicapés lourds institutionnalisés, devra attendre. Pas seulement à cause du «pain et des jeux» qui nourrissent notre inconscience populaire depuis toujours. Pas de méchanceté non plus, là-dedans. Non. Ce qui est en cause, c'est surtout le sentiment d'impuissance, les «je ne sais pas quoi faire» ou «je ne sais pas quoi dire». On tend donc à fuir ces gens. Le fait d'avoir personnellement souffert de telles fuites les premières années après le plongeon, et d'avoir appris trop tôt que la mort fait partie de la vie, m'aide encore aujourd'hui à entrer dans les chambres des mourants.

Et puis l'évidence de ma propre expérience avec la souffrance et l'impuissance semble aussi encourager plusieurs malades à se confier.

D'eux tous, j'ai beaucoup appris. Ne serait-ce que l'on meurt comme on a vécu. En tout cas avec la personnalité qu'on avait jusque-là. Les gens très bien le restent jusqu'à la fin. Leurs opposés aussi demeurent ce qu'ils étaient, sinon un peu améliorés avec de l'aide.

Et puisque la mort existe, et sans date de péremption sur l'emballage : aussi bien profiter de la vie en attendant. Oui, grâce à eux, je ne savoure que plus ma vie, au jour le jour. Quand j'en ai la sagesse…

Plus que tout, je retiens des derniers moments de ces hommes et de ces femmes que les chanceux ne sont pas les plus riches, les plus puissants ou les plus savants, ni les plus beaux ni les plus athlétiques. Les grands gagnants, à la fin, sont ceux qui meurent entourés des êtres qui les aiment.

Les souffrances de ces mourants, comme celles des grands malades mentaux que j'ai soignés, ont aussi cristallisé en moi, à jamais, je l'espère – j'en implore le Ciel –, le respect de l'autre, quelle que soit l'indignité que lui impose la maladie.

Par la richesse et la variété de leurs confidences, par la grâce de la confiance et de l'estime de la grande majorité d'entre eux, c'est comme si, petit à petit, mes patients m'avaient réanimé.

22

Un délire amoureux tout à fait classique m'accompagnait encore comme une ombre. Je me disais que jamais plus je ne rencontrerais une femme aussi merveilleuse en beauté, en intelligence et en grâce que Zazou. Que toutes les autres femmes, et ce, pour le reste de ma vie, étaient condamnées à ne pas être à la hauteur. Et pire, qu'elles seraient amoureuses d'un homme à jamais tiède à leur égard parce que retenu ailleurs, avec une femme de son passé.

Délire classique à une nuance près. Car je me dis aussi : « De toute façon, aucune femme désirable et sensée qui ne m'a pas connu "avant" ne voudra de moi ! Je ne mesure qu'un pied et demi. Je ne suis plus un homme ! »

Dix ans de peine d'amour après la rupture avec Zazou. Pas tout à fait fermes quand même, monsieur le juge ! Car il y eut Blanche-Neige. Pour quelques mois. Et je m'en accuse : elle aussi, je l'ai tirée de la colonne des crédits amoureux accumulés antérieurement.

En la revoyant, j'en oubliai immédiatement ma névrose d'homme d'un pied et demi. Tellement magnifique, cette Blanche-Neige. Ce corps très mince, si bien proportionné, un visage d'ange avec ses grands yeux clairs.

Je l'avais connue à vingt ans. Juste à la fin de ma première année de médecine. C'était au cours d'une de nos nombreuses brouilles d'adolescents, Zazou et moi, et dans l'attente d'un nouvel emploi d'été. J'avais déniché, grâce au journal, un travail de recenseur d'enfants d'âge préscolaire, pour la Commission scolaire des écoles catholiques de Québec. Vraisemblablement pour prévoir les places requises dans les écoles de la région.

Nous étions tous là dans le gymnase d'une école; une soixantaine de gars au début de la vingtaine. Le «monsieur-en-charge-de-la-patente», comme l'appelait l'agent de sécurité à l'entrée, nous expliquait nos futures tâches. Mais nous reluquions tous évidemment la seule femme de l'assemblée : Blanche-Neige. Intimidée par tous ces regards qui ne laissaient aucun doute quant à nos pensées. Elle devint littéralement cramoisie quand le «monsieur-en-charge-de-la-patente» la fit se lever à titre de «notre secrétaire» et qu'on se mit à l'applaudir à tout rompre en sifflant.

Juste à côté de moi, Gilles D., un «ancien» comme on appelait les gars de troisième année de médecine, se penche vers moi.

– J'te parie cinquante cents que je sors avec elle à la fin de la soirée.

Comme c'est un gars d'expérience – il a déjà vingt-trois ans, après tout –, je ne relève pas officiellement le défi.

Mais j'oublie, encore une fois, mon vieux *trench-coat* que j'essaie désespérément d'égarer définitivement, depuis l'âge de quinze ans.

J'avais alors eu une telle poussée de croissance que papa avait jeté l'éponge :

– Jacques, tu grandis trop vite. Je n'ai plus les moyens de t'en acheter un chaque année. Je vais m'en acheter un neuf et te faire cadeau de mon vieil Aquascutum. Il a été fabriqué en Angleterre. Tu vas voir qu'il va durer. Ça fait déjà dix ans que je l'ai.

– Mais, papa, le bout des manches et les coudes sont tout élimés.

– Pas de problème, mon Jacquot, je vais y faire coudre des morceaux de cuir. Tu vas voir. Ça va *toffer*.

– Mais, papa, tu pèses deux cent vingt-cinq livres et moi, cent trente-cinq.

– T'en fais pas. Tu vas le remplir très bientôt. Fais-moi confiance. Tu manges encore plus que moi.

Cinq ans plus tard, j'avais beau avoir pris une vingtaine de livres, j'avais encore l'air d'une grande voile de bateau sur deux pattes, et à marée haute!

Ce que j'ai pu l'égarer! Rien à faire : «Voyer, j'ai retrouvé ton *trench*! Devine où?» que me disaient mes connaissances. Les bancs d'autobus et du Colisée de Québec, le coffre arrière de voitures, le garage de bien des amis, tous les endroits se révélèrent inefficaces.

Cette fois-ci, c'est moi qui le retrouve, par téléphone, en appelant la secrétaire de la «patente», le lendemain matin.

– C'est vrai, mademoiselle? Vous l'avez trouvé. Ah! que je suis content!

Et Blanche-Neige de me répondre :

– Oui, oui. Il était juste derrière les chaises que vous m'avez aidé à replacer. Merci d'être resté pour m'aider à les empiler, ajoute-t-elle. Sans vous, je serais rentrée tard. Merci beaucoup!

– De rien, ça m'a vraiment fait plaisir.

– Gilles, l'autre étudiant. Il est drôle, lui. Il est parti quand maman est venue me chercher. Je pense qu'il me faisait la cour...

– Ah, je n'ai pas remarqué...

J'ai souvent gagné à ne pas faire la cour mais à être juste bien élevé. En tout cas, avec des femmes que les gars bien élevés intéressent.

Ce fut une très courte aventure. Six ou sept jours.

La dernière fois que nous nous sommes vus, c'était tard dans la nuit. Étendu tout contre elle dans son lit après un semi-rassurant : «T'en fais pas, maman dors dur», je lui demande quel moyen de contraception elle utilise. Elle me répond :

– Aucun. Je me suis dit qu'étant un étudiant en médecine tu devais savoir quoi faire.

– Je suis étudiant en médecine, mais est-ce que j'ai l'air d'un condom ambulant? Quel âge as-tu donc pour penser comme ça?

– Dix-sept ans, Jacques. Toi?

– Tu as dix-sept ans... comme ma petite sœur?

Je sautai dans mon pantalon et pris la poudre d'escampette encore plus vite que si un mari jaloux ou un papa sicilien était apparu avec son fusil à la fenêtre. Et malgré l'heure tardive et plusieurs feux «orange avancé», je filai vers Zazou pour la supplier de me reprendre!

Blanche-Neige me rappela six ans plus tard. Deux ans après la rupture avec Zazou. Elle demeurait toujours à Québec avec sa maman. Elle avait connu, après moi, un jeune homme qui avait abusé de sa naïveté pendant trois ans.

Elle avait entendu parler de moi «hier soir, en très, très bien comme d'habitude, par une amie d'une amie, d'une amie».

– T'aurais dû leur voir la tête, aux autres filles, quand je leur ai dit que je te connaissais. Avant l'accident. J'ai pris ton numéro de téléphone et je t'appelle pour savoir si tu aimerais me revoir.

Après deux ans d'abstinence absolue, le souvenir de ces yeux bleus et de ce corps devenu mythique me fit tasser de côté ma peine d'amour, mes névroses d'homme d'un pied et demi. Et beaucoup plus encore quand elle est apparue à ma porte.

Quelques mois plus tard, notre passion déclinante et ma personne moins idéalisée, avec en prime les six cents kilomètres de l'aller-retour Québec-Montréal toutes les fins de semaine, éteignirent à jamais dans ses yeux un feu jusque-là uniquement admiratif.

Je retournai à ma vieille peine d'amour et à ma névrose, encore plus convaincu que cet homme d'un pied et demi n'était pas très intéressant pour une femme désirable et sensée, ainsi que pour toute autre qui carburerait encore sur du capital amoureux accumulé avant le 19 juillet 1970.

23

Cependant, tour à tour, trois belles et intelligentes jeunes femmes viennent remettre en question mes certitudes d'homme à jamais sans intérêt pour la gent féminine : des patientes. Le vœu de chasteté médicale n'a jamais été problématique pour moi. Quelles que soient les raisons invoquées, le tort potentiel de relations sexuelles avec une patiente est beaucoup trop grand.

À deux reprises, à quelques mois d'intervalle, je me retrouve devant des patientes en psychothérapie fort intéressantes à tous points de vue pour un jeune homme de mon âge. Mais je suis leur médecin. Elles sont donc en relation fiduciaire avec moi, c'est-à-dire qu'elles sont en droit de s'attendre à ce que je n'abuse pas, dans mon propre intérêt, de la confiance qu'elles m'accordent.

Le hic c'est que ces deux femmes apprécient tellement ce lien de confiance qu'elles me témoignent de plus en plus ouvertement leur intérêt pour ma personne en dehors des heures de psychothérapie. C'est normal pour chacune puisque tous les hommes importants de leur vie, depuis l'enfance, avaient justement abusé de leur amour. J'ai beau dire : «Madame, nous ne sommes pas là pour ça», les deux femmes me répondent de façon quasi identique : «C'est pas juste. Je vous aurais rencontré dans la rue, à une soirée ou au restaurant que ça aurait été correct. Je sens que, cette fois, enfin, ça pourrait marcher pour moi avec un homme. Mais vous êtes mon docteur. Que je ne suis donc pas chanceuse!»

Indépendamment de mon vœu de chasteté, j'ai toujours su et senti qu'en profitant de la situation, plutôt qu'en les aidant à la comprendre, je risquais de leur faire perdre à jamais un élément fondamental pour plusieurs du plaisir de vivre : la candeur. Il y a en effet très peu de candeur chez les gens jeunes ou en psychothérapie dont on a abusé de la confiance.

Et puis, il y avait aussi le gros bon sens. Je me rappelais un commentaire d'un de mes cousins Rioux qui avait des gros problèmes d'infidélité : «Eh! que ma vie serait plus simple si les autres femmes étaient laides!» En clinique, avec le temps, j'ai réalisé que les thérapeutes qui brisent le lien de confiance avec des patientes ne le font jamais avec des femmes laides.

Je n'avais pas pu être assez convaincant dans mes tentatives d'amener mes patientes à explorer cette complication de notre lien thérapeutique quand elles s'étaient attachées amoureusement à moi, car elles abandonnèrent toutes deux la thérapie. Abruptement, sans explications.

Un même genre de problème s'étant développé avec une troisième patiente, Douglas B., dans une séance de supervision, ne put s'empêcher de m'admonester comme seul lui et le capitaine Haddock peuvent le faire :

– Jacques, ça n'a plus de sens! Tu restes tellement sur la défensive que tu en perds tes moyens. Tu dois aller explorer ça en toi puisque tu n'arrives pas à aider les femmes à l'explorer chez elles. Autrement, cesse de faire de la psychothérapie! Si cette patiente quitte aussi avant la fin et dans le même contexte que les deux autres, ce sera de ta faute! Ce sont tes bibittes qui t'empêchent de les aider à comprendre les raisons de ce transfert amoureux.

Je déteste les gens moralisateurs parce que je suis trop sensible à leur ton. Surtout quand ils ont raison.

Ma psychothérapie avec le docteur G. m'avait déjà été très bénéfique, mais les jolies patientes, les invectives d'ordre moral de mon superviseur Douglas B. et mon désir d'être meilleur thérapeute m'ont poussé à essayer autre chose. J'entrepris une psychanalyse avec le docteur D., un psychanalyste didacticien, c'est-à-dire qui en forme d'autres. Chez cet Européen – mince, d'allure sobre, milieu de la cinquantaine, légèrement handicapé par une boiterie post-poliomyélite –, j'appréciais déjà la franchise, le sourire et les commentaires tranchants comme une fine lame dans les discussions cliniques.

J'avais peur pourtant. Je craignais par-dessus tout qu'à la suite de l'exploitation des méandres et des recoins inconscients de ma psychologie mes défenses tombent, surtout celles qui m'avaient aidé à supporter les horreurs, les deuils, les déceptions et les humiliations de «ma maudite quadriplégie».

À ce sujet, le docteur D. suggéra de faire appel à trois autres psychanalystes chevronnés. J'acceptai d'emblée, en ajoutant : «Et si on leur demandait aussi de se prononcer sur mes chances d'être éventuellement accepté en formation à l'Institut de psychanalyse?» Parce que, oui, j'envisageais de devenir psychanalyste.

Je rencontrai donc les trois experts. Quant à mes craintes de «me dissoudre et de disparaître dans les craquelures du plancher du bureau du docteur D.», ils répondirent tous que la psychanalyse ne devrait pas me causer de problèmes. L'un d'eux ajoutant même : «De toute manière, je ne vois pas ce qu'il veut en tirer. Il fonctionne déjà très bien.»

– Pauvre con! que je répondis au docteur D. quand il me lut l'opinion de cet expert. Fonctionner déjà très bien ne me suffit pas. Je veux être mieux intégré à l'intérieur parce que je veux absolument aider des gens en psychothérapie. Je dois traiter l'intérieur d'autres personnes avec mon propre intérieur. Plus je connaîtrai le mien, plus je l'explorerai, plus je serai en mesure d'explorer l'intérieur des autres.

Un NON sans équivoque fit consensus quant à ma formation éventuelle de psychanalyste. Seul le même imbécile s'en expliqua : «Comme il n'a pas une sexualité normale vu son handicap, il ne pourra comprendre celle de ses analysants.»

Je remercie encore ces trois experts. Sans leur OUI à la première question, je ne me serais jamais offert une des expériences les plus intéressantes de ma vie : la psychanalyse de Jacques Voyer.

Sans leur NON à la seconde, j'aurais probablement continué d'idéaliser la psychanalyse et les psychanalystes. En me refusant à l'Institut de psychanalyse vu les limites mécaniques évidentes de ma sexualité, ces experts me révélaient on ne peut plus clairement les limites de leur discipline, en tout cas celles de l'ouverture d'esprit de membres éminents et respectés. Heureusement pour moi, la vie et les femmes de ma vie m'avaient déjà appris qu'en sexualité comme pour le reste, il y a autant de façon d'être normal que d'être belle ou beau.

Quatre années à trois séances par semaine plus tard, je terminai ma psychanalyse avec le docteur D.

* * *

J'avais pu aider ma troisième patiente à comprendre qu'elle s'était énamourée de moi selon un modèle évident, comme ç'avait été le cas avec plusieurs hommes de sa vie, c'est-à-dire simplement pour plaire, surtout pas pour séduire et encore moins pour les garder, car elle restait convaincue qu'elle ne méritait pas un homme pour elle-même. «C'est comme si j'étais encore marquée par ma mère, docteur. Vous savez, les trois fils qu'elle aurait pu avoir, mes futurs frères, ont tous été des bébés mort-nés. Je suis la seule qui a survécu et il me semble que j'ai passé toute ma jeunesse à essayer de la consoler, mais je n'ai jamais réussi...» Un peu plus tard, elle a ajouté : «C'est comme s'il fallait que j'aie une psychothérapie mort-née.»

Depuis cette psychanalyse, j'ai plus de facilité à explorer les motivations inconscientes des patientes et des patients (ça arrive aussi) qui éprouvent de tels sentiments dans le cadre de leur thérapie. Les motivations varient bien sûr suivant la personne. Je suis seulement plus à l'aise avec le phénomène et moins gauche avec l'émoi qu'il crée en moi.

Un des avantages inattendus de l'exploration de nombreux aspects inconscients de ma personne, c'est que j'en suis venu à réaliser que ma peine d'amour qui n'en finissait plus résultait surtout du cumul de tout ce que je n'étais plus et ne pourrais plus être depuis l'accident du 19 juillet 1970.

Et après cette prise de conscience, voilà que, tout d'un coup, presque magiquement, certaines femmes se mettent à soutenir plus que gentiment mon regard. Plusieurs sont très jolies, intéressantes et sensées. Et... sans capital antérieur accumulé.

147

Un jour, l'une d'elles, qui m'avait été qu'une très bonne (mais fort jolie) copine jusque-là, m'envoie un signal.

– Comment tu trouves ma nouvelle robe? Ça va convenir, pour samedi soir?

– Si ça convient? Fiou! J'pense donc que ça convient! C'est gênant à dire, mais ta robe vient de... réveiller un vieux réflexe que j'avais complètement oublié depuis mon accident.

– Ah oui? Lequel? qu'elle me fait, le regard doux, que dis-je! soyeux, avec juste un brin de timidité.

– Écoute... T'es ma *chum*... c'est un peu gênant.

– Justement, entre *chums*, il n'est pas supposé y avoir de gêne... Quel réflexe?

– Bien, bien...

– Dis-le!

– Bien... quand une femme qui m'intéresse porte un vêtement que j'aime...

– Oui?

– Bien, j'ai juste envie qu'elle l'enlève! que je réponds finalement, me sentant complètement vulnérable, mais le regard fixé sur ses inoubliables yeux pers.

– Ça tombe bien... ça me tente justement de l'enlever.

S'ensuivit une magnifique passion, puis deux autres, toutes mes inhibitions d'homme d'un pied et demi ou de grand frère étant disparues comme neige au soleil.

La fin de ces relations me confirma cependant que les séquelles de l'accident pouvaient venir à bout de n'importe quelle passion, quelles que soient l'intégrité et la force de caractère de la femme en question. Par contre, les douleurs que j'ai ressenties furent beaucoup moins déchirantes et lentes à partir que dans le cas de

Zazou. Probablement en raison des indulgences plénières accumulées durant ma vie de moine.

Et puis, la quadriplégie ne permet pas d'échapper à la condition *sine qua non* de toute relation amoureuse à long terme réussie : la compatibilité des caractères au quotidien, une fois la passion tombée.

Je fréquentai pendant quelques années des femmes tout aussi généreuses de leur amitié et de la sincérité de leur sentiment que de leur corps et de nos plaisirs.

Je ne m'imposais qu'une règle du jeu : en cas de passion amoureuse non partagée, il fallait mettre fin à la relation. Si elle était partagée, on attendait que la passion tombe pour voir à qui on avait vraiment affaire.

Avec ces femmes, j'ai peu à peu appris à accepter ma nouvelle mécanique sexuelle et, par là, à m'accepter.

Pas à accepter le handicap. Non : à m'accepter moi avec le handicap.

24

«C'est pas toujours simple, les histoires de cul, mon Jacquot. Des fois, ça *foque* une vie!» m'avait un jour confié le plus gentil de mes oncles. À vingt-trois ans, un été durant la dernière guerre, c'est sur la pointe des pieds, vers deux heures du matin, qu'il était allé rejoindre sa Marjolaine, la ménagère du curé, en passant par l'escalier de secours du presbytère.

– Je voulais lui faire une surprise en rentrant au village par le train de soirée une journée plus tôt que prévu. C'est moi qui ai eu la surprise : je l'ai poignée dans son lit, toute nue et tout excitée à taper sur les grosses fesses du curé qui faisait le cheval.

Il en était resté impuissant et célibataire.

Elle partait donc de loin, ma panique dans l'ambulance et aux soins intensifs en 1970.

Durant toute ma jeunesse, j'avais été frappé par la gentillesse de cet oncle, par sa générosité, sa bonhomie, et puis beaucoup par cette histoire de serment qu'on racontait à son sujet.

Sur son lit de mort, tante Adèle, la mère de Nicole, ma cousine et grande sœur adoptive, lui avait fait jurer, quelques jours avant ma naissance, de ne plus jamais boire. C'est que depuis la guerre, depuis le fameux événement qu'il n'a raconté qu'à moi, il buvait ses paies toutes les fins de semaine. «Oh, il n'était pas du tout déplacé, m'a raconté mon père. Il restait bien sage dans le coin à boire et à rire sans déranger personne et sans jamais s'impliquer dans les batailles. Pourtant, Dieu sait qu'il avait été entraîné à ça outre-mer.»

Il était donc devenu sobre et il l'est demeuré jusqu'à sa mort.

Après avoir été un excellent joueur de hockey, il s'était mis à la pratique du golf avec tout autant de succès. C'est d'ailleurs lui qui m'a fait découvrir ce sport à l'âge de douze ans, en faisant chaque jour un détour de soixante kilomètres pour m'amener jouer. Et c'était après m'avoir équipé et enseigné à pêcher l'éperlan. En même temps qu'à Claude, mon petit frère, qui a fait de moi un champion dans l'art de dénouer les lignes.

Tout le monde adorait cet oncle. Tout le monde l'appelait d'ailleurs *mononcle*. Mais dès qu'une femme le courtisait le moindrement, et c'était fréquent vu son apparence et ses manières, il déguerpissait aussitôt. Si bien que mes cousins Rioux, les bûcherons, passaient leur temps à dire : «Mononcle, c'est comme si vous n'aviez rien entre les deux jambes! Nous autres, on comprend pas ça, parce que c'est comme si on n'avait rien que ça!»

Alors ce «rien» en bas de la ligne des mamelons après le *flash* en juillet 70, ça n'a pas été simple. Sauf que...

Sauf que les femmes qui ont partagé avec moi l'intimité de leur beauté m'ont aussi fait sentir qu'elles jouissaient tout autant de mon corps que des autres richesses de ma personne. Que c'était toute la complexité de notre lien et de nos expériences vécues jusque-là qui exultaient aussi. La mécanique ne devenait qu'un des accessoires. Un accessoire essentiel pour certaines, mais pas pour celles que j'ai comblées et qui ont continué à m'accorder leurs faveurs.

Une présentatrice de la radio d'État me demande un jour en ondes, à brûle-pourpoint :

– Vous avez dû aussi faire le deuil de votre sexualité, docteur Voyer. Ce n'est pas rien.

– Désolé, madame, mais je n'ai pas fait le deuil de ma sexualité, seulement le deuil de ma sexualité telle que je la connaissais jusque-là. Parce que, voyez-vous, j'ai dû apprendre très tôt que, chez l'humain, la sexualité se passe d'abord entre les deux oreilles et dans le cœur.

Après une entrevue, on pense toujours à ce qu'on aurait pu mieux exprimer ou ajouter. Pour les machos qui étaient à l'écoute et qui n'auraient pas compris, j'ajoute donc maintenant :

– Les gars, même quand Tarzan ne pourra plus se déplacer dans la jungle à cent kilomètres à l'heure en sautant d'une liane à l'autre, même quand il ne pourra plus courir, même quand il ne pourra plus marcher et que Jane devra le pousser dans son fauteuil roulant, elle va encore le préférer aux gorilles !

* * *

Et puis un jour, j'accompagnais Marie-France dans une visite à l'Institut de réadaptation de Montréal. Oui, ma Vendéenne de physiothérapeute de 1970. Elle s'en était retournée vivre dans son pays, et, quelques années plus tard, elle était revenue faire une petite visite en passant par chez moi.

Christian M., un physiothérapeute, m'aborde dans le corridor :

– Jacques, te souviens-tu de Francyne Charette-Font ?

152

– Non…

– Tu ne te rappelles pas? En 1970, son mari, un Français, était mort dans un accident d'automobile. Elle avait été blessée. Elle est venue ici pour sa réadaptation.

– Attends un peu… Pas la petite rousse?

– Oui, c'est ça… La petite rousse!

– Ah! ce qu'elle était fine! que je dis en me tournant vers Marie-France.

– Et… très, très *cute* aussi, comme vous dites! répond-elle en souriant.

On s'est revus tous les trois, le même après-midi. Francyne faisait ses exercices dans le grand gymnase. Je l'ai reconnue par son dos, le bas de son dos plus précisément. Inoubliable! Puis, comme elle se retournait, par son regard. Fiou! qu'il était beau! Elle se remettait d'une chirurgie à une hanche qui était devenue beaucoup trop douloureuse et très handicapante, vingt ans après l'accident.

Immédiatement, nous avons tous les deux soutenu le regard de l'autre. Si bien que, quelques mois plus tard, en dépit de tout ce que je m'étais promis par rapport à l'intoxication de la passion, nous vivions ensemble.

Depuis, à chaque souper comme à notre première rencontre, elle ne peut s'empêcher d'insister : «Mange! Mange! Ça va être froid.»

Un soir très tard, comme je reposais paisiblement et sensuellement ma tête sur le magnifique plat de son ventre, j'éclatai en sanglots. De gros sanglots. Trop gros, comme venant de très, très loin aussi. Puis, les mots me sont venus.

– Franchou, je l'ai toujours su, mais là, je le sens…

Je pleure encore et encore.

– J'ai toujours su que le plus grand deuil à faire, c'était de ne pas pouvoir avoir mes propres enfants…

Encore des pleurs et des pleurs.

– Mais là, sur ton ventre, en pensant aux enfants qu'on aurait pu avoir ensemble...

Et... je pleure encore.

– Ma plus grosse peine, c'est que je ne connaîtrai jamais mes enfants et qu'ils ne me connaîtront pas!

Mais Franchou a deux filles. Natalie et Pascale. Grâce à elles et, depuis peu, grâce à Jacob, notre petit-fils, la grosse peine n'existe plus. Les enfants que je n'ai pas eus peuvent reposer en paix : leur papa va très bien.

Mesdames, vous avez représenté, et représentez toujours, mon apprentissage le plus difficile et le plus riche, mais aussi la source même de mon plaisir de vivre depuis le début.

Thank heaven for little girls, chantait Maurice Chevalier. J'ajouterais : merci surtout à leurs grandes sœurs, et puis à leurs mères, à leurs grands-mères et à toutes leurs copines!

25

En dépit d'une bonne humeur candide quasi congénitale, le suicide me préoccupe presque tous les jours depuis l'accident. Il y a plus de trente ans, déjà. Bien avant, dans le Rivière-du-Loup et le Trois-Pistoles de mon enfance, c'était péché. Un péché doublement mortel, car en plus de perdre la vie, son auteur était condamné à l'enfer à perpétuité, la sanction de tous les péchés dits mortels. Ceux-ci comprenaient, entre autres : le sexe hors mariage, le divorce, l'homosexualité, le meurtre et, le pire, le « défroquage » des prêtres. Un seul suffisait à entraîner le prononcé de la sentence suprême. Peut-être pour limiter les dégâts et sûrement pour promouvoir l'achalandage au confessionnal, durant nos cours de religion on nous martelait sans cesse le cerveau de : « Et surtout n'oubliez pas, le bon Dieu a dit : "Je viendrai vous chercher comme un voleur!" »

Que d'endormissements apeurés avec la venue de la puberté…

J'ai appris très vite à reconnaître les péchés honteux. On cessait immédiatement d'en parler devant nous, les enfants, et toute question ou allusion à leur sujet de notre part était immédiatement suivie d'une cinglante rebuffade.

– Finalement, grand-maman…, que je me souviens d'avoir lancé machinalement.

– Oui, mon Jacquot? de me répondre gentiment grand-maman Létourneau en ne se doutant pas, à mon ton bon enfant, qu'un esclandre se pointait à l'horizon.

– Le suicide… Est-ce que c'est comme le monsieur qui s'est pendu, l'autre jour?

– Le suicide…, répète-t-elle en m'interrompant d'un ton irrité, les poings sur les hanches. Le suicide, on parle pas de ça! Tout ce que t'as à savoir, mon p'tit gars, c'est que les suicidés vont direct en enfer, puis qu'ils ne sont même pas enterrés dans les cimetières catholiques. Des fois, des curés un peu trop bons acceptent qu'on les enterre une moitié de chaque bord de la clôture du cimetière.

Je n'ai plus jamais longé la clôture d'un cimetière, et la seule pensée de ne pouvoir un jour être enterré avec les miens renvoya le sujet dans la partie «grand tabou» de mon cerveau, plus précisément dans la section «bizarre, mystérieux, ésotérique et dangereux».

* * *

D'un coup cependant, après le plongeon, en une fraction de seconde, de péché, le suicide devint une prière. Immédiatement, j'ai imploré la mort. Puis, je l'ai espérée pendant des mois.

Mais il y eut, à partir du mois de septembre, cette hospitalisation de six mois à l'Institut de réadaptation de Montréal. Et là, trois découvertes majeures.

La première étant que, même si je me sentais tout aussi diminué que condamné, désormais, à la pitié des autres, parmi ces autres, et pas les moindres, il y en avait qui ne me traitaient pas comme un être diminué. Même s'ils ne m'avaient pas connu *avant*.

Mes proches – papa, maman, Nicole, Claire, Claude, Jacqueline et Pierrot – étaient aussi atterrés que moi. Je m'en sentais d'ailleurs coupable, moi qui aimais tant briller et faire mon fin jusque-là. Contrairement à trois ou quatre autres jeunes quadriplégiques autour de moi, pas une seconde je n'ai ressenti qu'ils envisageaient de me placer en institution, ainsi que le leur conseillaient, Dieu merci à mon insu, des personnes probablement bien intentionnées («On vous comprends bien parce qu'on est passés par là»). Car nous trempions dans la même déconfiture. Je les sentais toujours aussi proches, et ma douleur et mes pertes étaient nôtres. Notre famille, et pas juste moi, était désormais handicapée. Je n'aimerai les miens qu'encore plus et pour toujours.

Et puis, autour de moi, il y avait toutes ces personnes dans ce nouveau quotidien à l'hôpital. On n'avait pas choisi de vivre ensemble, tant les patients que le personnel, mais les uns et les autres me comblaient de plus en plus de leurs attentions et de leur estime, tout en partageant aussi leur plaisir et leur peine. Comme moi.

C'étaient l'infirmière-chef qui venait jaser durant sa pause-café, les deux préposés de soirée qui me couchaient en dernier, après une dernière partie de cartes et le visionnement de la fin de la troisième période au hockey. C'était aussi la directrice des soins infirmiers qui m'écoutait me raconter. «Comme si vous étiez mon fils, précisait-elle; j'en ai trois de votre âge, vous savez. Probablement parce que je suis leur mère, ils ne me parlent pas autant que vous.»

J'ai appris qu'entre autres merveilles la compassion vous confirme dans ce que vous êtes malgré toute l'impuissance, l'horreur, la souffrance ou l'indignité que vous pouvez vivre. Grâce à ces gens, je me savais de plus en plus encore moi-même, même si le moi d'avant m'apparaissait tellement mieux.

Secundo, j'ai réalisé que les coups de circuit existent aussi hors des terrains de baseball. Que parfois il faut savoir les mesurer en millimètres. Et qu'ils n'en sont pas moins valables. Déjà, au golf, j'avais appris que le coup roulé du bord de la coupe vaut tout autant que le très long *drive* si spectaculaire et si prisé de ceux qui observent le jeu.

Cette deuxième prise de conscience, je la dois à des gens comme Gilbert M., amputé de la jambe au-dessus du genou. Il s'exerce chaque jour à marcher sur son nouveau moignon, encore tout aussi endolori et fragile qu'au début. Sa jambe droite, normale, en arrache à supporter désormais quasi toute seule tout le poids du corps.

Il y a aussi Mme B., nouvellement hémiplégique à cinquante-deux ans. Passionnée de danse sociale, elle doit maintenant réapprendre à tout faire, privée à jamais de son hémicorps droit, inerte. Elle pleure la danse tout en devant consacrer plus de vingt minutes, au début, à enfiler sa blouse et la boutonner.

Et Sylvain X., un autre quadriplégique, avec des spasmes plus forts et tellement plus fréquents que les miens. Chez lui comme chez moi, les spasmes sont apparus deux mois après la lésion, la raison étant que le million de connections qui reliaient le cerveau à nos muscles ont été rompues. Ceux-ci sont désormais laissés à eux-mêmes, sans le contrôle de l'ordinateur central, le cerveau. Un mauvais coup, la simple fatigue de fin de journée, l'ankylose, une démangeaison, et voilà votre jambe qui se met à giguer, puis qui s'avance toute seule, avec votre pied qui tombe de son repose-pied. Quand ce n'est pas tout votre tronc qui s'arc-boute d'un coup pendant que vos deux jambes giguent sur place et que vos doigts, habituellement inertes, se mettent à s'étirer puis à pianoter malgré vous. Ça bouge et il n'y a rien à faire. Votre corps vous échappe. Que d'impuissance! Que d'humiliations, aussi. Disons que ça met à peu près tout le monde mal à l'aise d'un coup, à une première rencontre.

Sylvain X. essaie cinq fois, dix fois, vingt fois de remonter son pied tombé du repose-pied, en relevant sa jambe par l'arrière du genou du revers du poignet et de sa main inerte. Son pied replacé, voici l'autre qui repart...

Tant de petits gestes simples, que l'on tenait pour acquis jusque-là et qu'il faut réapprendre à faire différemment, si la chance nous le permet. Ils exigent autant de concentration, d'efforts et d'entraînement que les gros circuits et le long *drive* parfait. Très peu de spectateurs, cependant, assistent à ces exploits. Ici, le courage et la patience sont plus importants que le talent et les applaudissements.

À l'Institut, je découvre tous ces héros totalement inconnus des foules qui bombent le torse de fierté après avoir atteint un objectif : pour Gilbert, l'amputé, c'est réussir à marcher sans claudiquer; pour Mme B., à enfiler sa blouse en deux minutes; pour Sylvain X. et moi, à pousser nos fauteuils roulants sur le *maudit* tapis du rez-de-chaussée. Se rendre à la cafétéria devient un parcours du commando pour nos bras sans triceps quand les roues s'y enfoncent. Baptême que c'est dur de se pousser en fauteuil avec ses seuls muscles des épaules!

Tertio, au sortir de l'IRM, je ne voulais plus mourir. Je ne sais pourquoi cependant. La logique m'échappe totalement, mes pertes m'apparaissant incommensurables et tant de choses, avant si simples, étant désormais impossibles ou très compliquées. Au mieux, je me disais : « Ce doit être que l'instinct de vie est aussi fort que l'instinct sexuel, parce que... baptême! que les femmes sont encore belles! »

Je me disais donc, en pensant à ma nouvelle vie en société, mais sur roulettes : « Je vais essayer ça. Je veux voir comment c'est. » Je sais maintenant que ça voulait dire que les gens que je venais de côtoyer avaient décelé en moi des braises restantes alors que je n'y percevais que des cendres froides. On avait ravivé ces braises bien malgré moi, au début surtout, mais je commençais à les entrevoir et à les entretenir.

C'est ainsi qu'apparut l'espoir : le plus puissant anti-suicide que je connaisse.

* * *

Puis, quoique je continuai pendant plusieurs années à vivre sans comprendre la logique de mon existence, après le péché, puis la prière, l'apprentissage de mon métier transforma à jamais le suicide en adversaire.

Et si la dépression, l'anxiété, la psychose sont le pain et le beurre du psychiatre, l'évaluation et la gestion du risque suicidaire constituent sa raison d'être, en tout cas à l'hôpital général.

Sans nos suicidaires, l'urgence des hôpitaux et par conséquent les chambres nous seraient fermées. Nos psychotiques, agités ou dangereux, seraient envoyés à l'asile ou, pire, au poste de police. Combien de fois me suis-je fait dire, après avoir été appelé à l'urgence pour évaluer un grand psychotique en phase aiguë, agité et perturbateur : « Calmez-le, docteur! Ici, c'est un endroit pour les vrais malades. On n'a pas de temps à perdre avec ça. »

Apprendre à évaluer et à gérer le patient suicidaire est très exigeant parce que l'erreur ne pardonne pas : elle est fatale.

La seule idée du suicide ne suffit pas à affirmer que quelqu'un est suicidaire. À peu près tout le monde l'envisage un jour ou l'autre dans sa vie : après une perte jugée trop grande, à cause de la solitude, de l'ennui, du vieillissement, de la maladie, d'un handicap, de la honte, d'une séparation ou... du mauvais temps et de l'hiver qui s'éternise. Tout peut l'amener à l'esprit.

J'apprends donc durant mes stages de formation à estimer le risque suicidaire dès la première rencontre d'évaluation. Avec tout nouveau patient, je finis toujours par lâcher : «Et dans votre situation, comme vous me la décrivez, pensez-vous que vous seriez mieux ou aussi bien mort?» Un «OUI, docteur!» aggrave le risque selon que l'on planifie son suicide, selon l'intensité de la souffrance psychologique, s'il y a des antécédents d'impulsivité, de prise de drogues ou de suicides de proches durant l'enfance.

Joël Paris, mon premier superviseur clinique à l'Hôpital général juif, m'a aussi appris un truc du métier qui s'est souvent révélé utile : « Jacques, si après avoir écouté un patient suicidaire tu en viens à te dire qu'à sa place tu en ferais autant, c'est grave! Tu le gardes à l'hôpital!»

J'avoue aussi que j'aime trop aider et pratiquer ce merveilleux métier pour y avoir jamais mêlé, de quelque façon, mon propre questionnement sur la logique de ma vie après l'accident.

Au contraire, c'est comme si le suicide comme adversaire m'avait donné un coup de pied au cul supplémentaire, en m'apprenant que survivre malgré l'épreuve jusque-là inadmissible n'est pas anormal ou névrotique.

Oui, je me suis interrogé longtemps à la suite des réactions des gars de mon âge qui me lançaient des «Mon Voyer, à ta place, je l'aurais fait. Je ne sais pas comment tu fais pour vivre comme ça.» Mais en clinique, j'ai appris que survivre à l'épreuve est aussi une responsabilité, car il y a trop de douleurs chez les proches par après et à jamais après un suicide, des douleurs qui ne disparaissent pas.

Une patiente d'un collègue qui s'était suicidé me disait d'ailleurs, trois semaines plus tard : «Docteur, je l'ai consulté en psychanalyse trois fois par semaine pendant quatre ans parce que je ne pensais qu'à ça, me tuer, au début. Ça faisait des années que je ne pensais qu'à ça. Là, j'allais mieux. On avait terminé ma psychanalyse. Et il se tue. Qu'est-ce que vous voulez que je comprenne à ça?»

Le suicide peut parfois être un adversaire très cruel pour le psychiatre. Je me demanderai jusqu'à la fin de mes jours comment j'aurais su mieux convaincre trois patients rencontrés une fois en évaluation, tous dans la jeune vingtaine et clairement maniacodépressifs, à prendre leur carbonate de lithium toute leur vie. Ils sont tous trois morts. Six mois, deux ans et quatre ans, respectivement, après notre entretien.

Je me sens encore coupable pour deux patients qui se sont suicidés. Je me crois condamné jusqu'à mon dernier souffle à me demander : «Qu'est-ce que j'aurais pu faire de plus?»

26

Mon questionnement quant à la logique de mon existence s'estompe et mes interdits tant familiaux que
professionnels deviennent de plus en plus caducs à
mesure que mes petites victoires s'accumulent.
C'est d'abord sur le plan professionnel que les victoires se manifestent. Étudiant, il s'agit des bonnes
notes. Stagiaire, ce sont les patients qui s'améliorent
pendant mon apprentissage de ce métier de médecin où
ma curiosité «pathologique» se révèle des plus utiles.
Oui, mes patients m'ont vraiment réanimé.

Beaucoup de mes confrères et de mes consœurs m'ont
aussi aidé à réussir ma vie professionnelle. Comme
stagiaires, ils se chargeaient des examens physiques et
de l'assistance opératoire que je ne pouvais faire. Moi,
j'essayais de compenser en faisant le plus d'histoires de
cas et de présentations cliniques que je pouvais à leur
place. Jamais je n'ai été de garde toutefois : je n'ai pas
pu conduire une automobile avant 1985 et me lever la
nuit d'un lit de garde aurait pris au moins une heure
chaque fois, sans compter qu'il aurait fallu réveiller au
préalable mon préposé.

Après presque trente ans à exercer ma profession,
jamais je n'ai entendu la moindre plainte ou allusion à

mes restrictions physiques qui pourtant ajoutaient à leurs charges. S'il y en a eu, tous ont eu la noblesse de m'en préserver. Mieux, mes collègues m'ont régulièrement demandé d'assumer des responsabilités administratives. J'y ai appris à prendre des décisions en groupe, en ayant encore recours à ma curiosité pour chercher les bonnes questions, puis le consensus quant aux solutions à adopter ou, sinon, en appuyant de mon mieux la décision qui m'apparaissait la meilleure dans les circonstances. J'éprouve donc pour toutes ces femmes et tous ces hommes un grand respect, de la reconnaissance et, surtout, de l'affection, ce que, j'espère, ils ressentent bien chaque fois que nous reprenons contact.

Le plaisir, dans le cadre professionnel, est aussi vite réapparu dans ma vie quand j'ai commencé à parler en public. Dès 1978, Balfour Mount, directeur des soins palliatifs au Royal Victoria, me demande d'être conférencier dans un colloque international qu'il organise. Mille huit cents professionnels de diverses disciplines du milieu des soins palliatifs y viendront, d'un peu partout sur les cinq continents. Le sujet que j'aborderai en est un sur lequel je m'étais beaucoup questionné à mes débuts dans le domaine : «Qu'est-ce que ça fait que de travailler avec des mourants?»

J'ai le trac pendant trois mois. Pas le trac habituel qui m'accompagne depuis que je parle devant des groupes et qui me fait dire : «Un de ces jours, les gens vont s'apercevoir que Jacques Voyer n'est qu'une façade sans substance.» Cette fois s'y ajoutait : «C'est pas très seyant pour un conférencier d'être assis dans un fauteuil roulant électrique.»

Mais à l'heure dite, le président de l'assemblée me présente. Je me mets à parler et c'est la même magie qu'avant le plongeon : on m'écoute! Comme quand je parlais aux autres étudiants en médecine : mon charisme est toujours là. Peut-être aussi que le fauteuil lui donne du poids. Je n'y peux rien, et tant mieux! Il y a aussi des «bonnes» impuissances, que je me dis.

Puis, peu à peu, les plaisirs personnels s'ajoutent aux réussites professionnelles.

Les plaisirs passent d'abord par mes amis. On ne se parle pas beaucoup, c'est vrai. On fait des choses. Ou, plutôt, ils m'en font faire avec eux. Merci, les gars.

Il y a bien sûr le Chat d'abord, qui me sert de chauffeur et qui me sort de la maison de mes parents, alors que je suis si accablé de honte et terrifié à l'idée des regards apitoyés qu'on risque de jeter sur moi. Il y a aussi Jacques Leclerc, mon colocataire à mes débuts à Montréal, qui m'annonce au printemps 1978 que lui et sa nouvelle épouse, Christine, vont aller en Europe et, ajoute-t-il : «On t'emmène. Je serai ton préposé.»

Lou Jankowsky, instructeur certifié en plongée sous-marine, me fera redécouvrir le plaisir d'être dans l'eau, malgré la promesse que je m'étais faite de ne jamais retourner dans une piscine. Même chose par rapport à la gastronomie avec mon cousin Marcel, et au vin avec François Chartier. Avec tous ces amis, c'est toujours la même formule : on se «colletaille» sans arrêt comme des collégiens, mais on fait nos affaires. C'est comme ça qu'on s'aime.

Et puis, beaucoup plus tard – et c'est bien de ma faute si c'est arrivé si tard –, les femmes de ma vie me réconcilient tendrement avec la sexualité qui m'est encore possible. Malgré toutes mes gênes et toutes mes inquiétudes. Leur merveilleuse façon de me rassurer se résume à peu près à ceci : «Parce que j'aime l'homme que tu es.»

165

Si bien que, jamais plus la honte. En tout cas, pas celle d'être quadriplégique.

«Quand je pense que j'étais un crack et que je suis un maudit handicapé», ne cessait de me répéter comme un refrain un ex-champion de vingt-huit ans, forcé à une retraite irrémédiable et à marcher avec des béquilles à la suite d'un traumatisme à sa «queue de cheval» (ainsi qu'on appelle les racines nerveuses qui ressortent, un peu à la façon d'une queue de cheval, justement, au bas de la moelle épinière). Sans nous avertir, des connaissances communes s'étaient arrangées pour qu'on se rencontre à une soirée, «pour que tu lui remontes le moral», m'ont-elles expliqué par la suite. Mon «patient» – malgré lui et malgré moi – revenait constamment avec son leitmotiv d'ex-crack-maudit-handicapé, et, stationné juste à côté de lui, dans le seul espace libre de ce salon exigu, je n'avais d'autre choix que d'écouter.

Heureusement, il finit par épicer son refrain, la lèvre fielleuse, d'un :

– J'sais pas comment tu fais, toi, pour t'organiser avec c'que t'as. Même si mon cas est moins grave que le tien, j'vois pas comment j'vais faire.

– Je ne le sais pas non plus, que je lui réponds. Je suis seulement un petit docteur psychiatre en fauteuil roulant. Et on se rencontre dans une soirée d'amis. Pas dans mon bureau. Mais on sait tous les deux que la réponse, elle est entre tes deux oreilles et que c'est très rare qu'on la trouve en deux, trois heures. Je veux juste te dire, puisque tu me parles de ton cas, que si t'étais un crack avant, eh bien, c'est maintenant qu'on va savoir si t'es un homme!

Je serais maintenant moins impétueux. J'apprends encore si régulièrement de mes erreurs que je sais au moins une chose : devenir un homme, même quadriplégique, c'est l'œuvre d'une vie. À jamais inachevée. En passant, ce n'est pas vrai qu'«à brebis tondue, Dieu ménage le vent». Le Chat est mort. En 1995. Après dix ans au fond d'un abîme de Demerol et d'alcool. Lui qu'on appelait l'homme du juste milieu pour sa pondération en tout.

«On se retrouverait tous les deux au beau milieu du pôle Nord, je sais que le Chat nous en ramènerait», que je déclarais à tout venant. Il nous avait si habilement sortis de tant d'imprévus techniques de la route et de la vie. Surtout au cours des trois premières années après mon accident, quand j'étais tout stupéfié encore de ce cauchemar dont je n'arrivais pas à m'éveiller.

«Inquiète-toi pas, mon Jacques! Cette fois, c'est la bonne. C'est réglé.» C'était sa réponse à chacune de mes offres d'aide à ses rechutes.

Je sais que je serais mort pour lui. Sans hésiter. Je n'ai même pas pu l'aider, malgré toutes mes connaissances de spécialiste de la maladie psychologique. De toutes mes expériences d'impuissance, c'est celle qui m'a laissé le plus d'interrogations quant à son sens, et le plus de larmes.

Le Chat était comme moi : un fils de Monsieur et Madame Tout-le-monde. Des «citoyens», ainsi que les appellent les criminels dits d'habitude, comme j'en ai rencontré parmi les patients hospitalisés à l'Institut Philippe-Pinel.

– Les citoyens, y sont pas possibles! me résumait l'un d'eux au sortir d'une psychose causée par l'abus de drogues et un trop-plein de guerres de clans au pénitencier. Ils se lèvent tôt le matin. Ils se préparent pour aller travailler en laissant les enfants à l'école. Ils se tapent le trafic, puis toute une journée avec des *boss* qui les achalent pour des petites jobs pas payantes. Puis, c'est encore le trafic et ramasser les enfants à l'école. Ils font le souper, puis les aident avec les devoirs et les leçons. Après, les enfants couchés, s'il leur reste un peu d'énergie, ils se donnent un peu de sexe, puis s'endorment et remettent ça le lendemain matin. Pire que ça, docteur : avec leur petit salaire, ils ont juste assez d'argent pour payer leur auto et leur maison à la banque. Et les gouvernements qui ont le front de leur faire payer des taxes et des impôts! Non merci.

Eh bien, j'ai mis beaucoup trop d'efforts à redevenir un citoyen. J'en connais aussi suffisamment sur la vie criminelle pour être un admirateur inconditionnel de Monsieur et Madame Tout-le-monde, citoyens.

Si bien qu'un rêve est revenu de plus en plus souvent à mesure que j'ai repris goût à ma vie. La première fois que j'ai fait ce rêve, c'était dans la nuit suivant ma nomination au poste de chef résident en psychiatrie à l'Hôpital général juif, en mai 1975. «Je suis dans la rue. Je suis entouré d'autres passants. Je ne suis pas en fauteuil roulant. Je suis debout. Je ne suis même pas surpris. Je marche. Je marche difficilement sur mes jambes, cahin-caha. Comme si j'étais sur des échasses. Je marche difficilement, mais j'avance. Et je me dis : «Oui! pas mal pour un quadriplégique.»

Il n'y a pas d'autre logique à ma vie : je l'aime.

27

J'ai volé ce livre.

Lorsque, petit garçon, je posais des questions, on m'a tellement souvent répondu : «T'en fais pas avec ça, Jacquot» ou «On ne parle pas de ça à ton âge» que j'en étais venu à conclure que ceux qui savaient devaient aussi savoir que je n'étais pas prêt à entendre les réponses.

Mes questions pouvaient être : «Vas-tu mourir toi aussi, grand-papa, puisque t'es vieux comme le monsieur dans la tombe?» Ou, après des explications au sujet de la vache et de son veau : «Et maman, c'est qui son bœuf?» Ou encore : «Nous, est-ce qu'on peut avoir la guerre?» Et même : «Pourquoi le laitier reste trois quarts d'heure chez la voisine et cinq secondes chez nous?» Dans tous les cas, je recevais la même réponse. «D'accord! D'accord! que je me disais. Je le saurai quand je serai grand.»

Ce fut la période la plus longue de mon enfance.

Avec la puberté, je commençai à trouver que, de toute façon, mes parents n'étaient pas si savants que ça. J'osai alors poser mes nouvelles questions, qui portaient surtout sur Dieu et ses apparentes contradictions terrestres, à mes nouveaux gourous : mes professeurs. Mais j'obtenais le même genre de réponses : «Voyer, attends donc d'être en philosophie», comme on appelait alors les deux dernières années du cours classique. Heureusement, en attendant, pour passer le temps, il y avait le sport et puis, de plus en plus, mes rêvasseries quant au corps des jeunes filles de mon âge. Dans ce cas aussi, pour accéder à la reconnaissance, il fallait attendre d'être plus grand.

Et soudain, me voilà jeune homme, et toujours à court de temps! Surtout en période d'examens, où je découvre celle qui deviendra ma plus fidèle alliée dans les événements importants et les grandes réalisations de ma vie : la dernière minute! À l'époque, il y a compétition entre Zazou, la vie sociale, le sport (bien que je m'y adonne un peu moins qu'avant) et les études de médecine... La culture générale devra d'ailleurs attendre le passage des examens de spécialité en psychiatrie. Parce que, en première année de médecine, je panique dès ma première visite à la bibliothèque de la faculté. J'aperçois ces milliers et ces milliers de livres rangés sur trois étages dans l'immense salle et je m'exclame : «Quoi? Il faut tout ça pour que je sois capable de soigner un jour mes patients comme il faut!»

Heureusement, peu après, un soir où il y avait une conférence à la faculté, je croise le docteur Saucier, endocrinologue et grand philosophe de la vie. Je m'ouvre de mon tourment dans une discussion à bâtons rompus avec des gens de ma classe. D'abord, il me transit d'horreur :

– Mon pauvre vieux, ces milliers d'ouvrages que tu as vus, c'est à peu près ce qui se publie de nouveau chaque mois en médecine.

Je ratai de peu une première attaque de panique, car le bon docteur Saucier me fit cadeau de la perle suivante :

– Ce qui compte, mon Voyer, ce n'est pas de connaître l'annuaire du téléphone de Québec au complet, mais d'apprendre à t'en servir. C'est ça, l'université!

Et puis, juste au moment où j'allais enfin prendre place à la table des adultes et participer aux discussions : trois petits pas, un saut, l'air, l'eau, un *flash*... Aïe! Et puis, rien.

RIEN pour plusieurs mois. Avec plein de temps qui n'en finissait plus, à nouveau, et une seule question toujours sans réponse : pourquoi?

«Ce doit être les limbes», que je me disais. Dans notre éducation religieuse de l'époque, c'était l'endroit où se retrouvaient les âmes des bébés morts non baptisés.

«Je sais que j'existe, mais je flotte dans rien.»

Puis, petit à petit, la vie reprend son cours. Mais je m'y sens comme en voyage. Dans une ville étrangère parce que les gens autour de moi sont très accaparés par un quotidien qui n'est pas le mien. Ce n'est plus réellement mon monde, et pourtant. Puis, un tramway passe, bondé. Je saute sur le marchepied à l'arrière et je m'agrippe très fort à la rampe extérieure. Je ferme les yeux, sans savoir où cela me conduira. Je m'accroche. C'est tout.

Je n'ai plus de questions à l'époque. Il y a trop d'inconnu.

J'apprends et je m'intéresse à différentes choses, mais en observateur, comme dépossédé de ma vie. Cette sensation vaut jusqu'à ma psychothérapie avec docteur G. alors que, pour la première fois, j'affronte mes pertes sans m'inquiéter de l'autre qui écoute. C'est à ce moment-là que, peu à peu, je retrouve mon plus grand atout d'éternel naïf : ma curiosité.

Les confidences des patients la nourrissent à satiété, comme des paysages humains qui défilent l'un après l'autre dans mon bureau. C'est beaucoup plus riche et complexe qu'au théâtre et au cinéma. Je le vis encore comme un privilège.

Un jour, durant ma résidence, le docteur Clifford Scott, un très vieux psychanalyste écossais haut en couleur et plein de vie, m'écoute attentivement, entouré d'une dizaine de collègues, alors que je présente le déroulement d'une psychothérapie récente. Le cas d'un jeune homme qui se sentait beaucoup aidé par moi, parce que, disait-il : «C'est pas croyable comme vous savez me poser les bonnes questions. Celles qui me permettent d'avancer.» Je n'avais pas encore été supervisé par Douglas B. Je ne maîtrisais pas encore l'écoute des associations des patients et des miennes. J'expliquais donc aux personnes autour de moi, avant ma présentation, que la plupart de ces questions me surprenaient moi-même, mais que, ce qui me fascinait, c'était qu'elles semblaient effectivement bien aiguillonner le patient.

Après ma présentation, savoureux, le docteur Scott me fait le commentaire :

– Docteur Voyer, si je résume ma pensée, je pense que votre force, c'est d'être amoureux de votre ignorance.

Mes collègues sont stupéfiés de gêne et d'inquiétude pour moi. Mais moi, je souris de toutes mes dents et je lui réponds :

– Oh merci, merci beaucoup, docteur Scott!

– Ne me remerciez pas, mon cher. Bravo! C'est la meilleure façon d'apprendre.

Et depuis ce moment-là, je n'ai plus jamais été gêné de mes questions. En psychothérapie ou dans la vie courante, sans ignorance, on n'apprend pas. L'ignorance est un magnifique vide à remplir. Il ne faut donc pas avoir horreur de tous les vides. En tout cas, mes patients et moi ne nous en portons que mieux.

À mesure que je sortais des limbes, je me jetai éperdument dans la réalisation de tout ce que je pouvais faire au nom du «il y a tant de choses que je ne peux pas faire». Je m'épuisais et me tapais infection sur infection tellement mes activités professionnelles et sociales m'accaparaient.

C'est alors que mes patients mourants me léguèrent leur plus précieux cadeau : l'importance de savourer le moment présent dans toute la mesure du possible avec ceux qu'on aime. Cela m'amena à choisir de plus en plus, autant que possible, les responsabilités que j'aime. Je ne me doutais pas, malheureusement, qu'il y a tant de choses intéressantes. Pauvres miens! Et je me joindrais bien à un recours collectif contre le «métro-boulot-dodo-consommation en trop-impôt» qui me bouffe encore tant de temps.

Et puis arrive ce livre. C'est vrai que je l'ai volé. Au temps. Celui de ma pratique, de mes lectures cliniques, de mes fins de semaine, de mes vacances où je devais ne rien faire, de soirées et d'attention aux miens, à Francyne.

Mais j'ai de moins en moins de regrets. Parce que la réflexion que m'a demandée la rédaction de cet ouvrage s'imposait. Dans nos sociétés, seuls les professionnels de la pensée comme les philosophes, les créateurs, certains journalistes et de trop rares scientifiques prennent le temps de réfléchir sur la condition humaine. Pour Monsieur et Madame Tout-le-monde comme pour leur petit docteur, il ne reste souvent que la psychothérapie et la prière.

C'est trop peu. Je suis maintenant juste assez vieux pour savoir que le bonheur ne se savoure qu'au moment où il passe. Après, malheureusement, c'est trop tard.

Alors, comme on ne peut s'y fier, en tout cas pas le tenir pour acquis, pourquoi ne pas réserver un peu plus de temps pour soi? Pas seulement pour jouer, ce qui peut n'être qu'une ivresse. Non, du temps pour réfléchir sur soi, pour procéder à de petits bilans visant à mieux équilibrer nos vies. Dans mon cas, je veux établir mes priorités entre mes responsabilités, mes affections, mes plaisirs, et peut-être y gagner finalement en sérénité.

Ça s'appellera le calme de l'âme.

Remerciements

À Mme Françoise Faucher, comédienne, et M. Jean O'Neil, écrivain, pour un «mais Docteur, qu'attendez-vous pour écrire?» qu'ils me lançaient lors d'un très grand soir de ma vie. Ils ont semé le germe.

À mon amie Rollande Parent pour avoir forcé mon passage de l'éternel projet à la réalité en me débusquant sans cesse de tous mes retranchements pudiques ou oisifs.

À mes prélecteurs : Yves Archambault, Alain Besré, ma petite belle-sœur Sylvie Bergeron (et son équipe du «1, rue des Apparences, au Musée de la civilisation à Québec), Gigi Comtois, Louis Cormier (qui a aussi peaufiné mon accent et mes jurons acadiens), Serge Dubé, Natali Mercédès Font, ma nièce Élizabeth Gosselin, Marielle Gosselin, Carole Graveline, Pierrette et Fernand Lafleur, François Lessard, Jacques Leclerc, Monique H. Messier (et l'équipe de Libre Expression), Marie-Andrée Robinson et Daniel Simard, pour m'avoir permis de m'incarner de mieux en mieux par vos généreux commentaires. Grâce à vous, le verbe s'est fait de plus en plus chair.

À mon beau-frère, Luc Trudel, pour la générosité de son temps, l'efficacité de la partie numérisée de son cerveau et son extrême sensibilité à ce style qui m'échappe encore.

À Céline St-Germain, ma fidèle secrétaire qui, malgré sa récente invalidité forcée et ses douleurs continues, a insisté pour s'en distraire en me dactylographiant ce texte dans tous ces balbutiements et déboires.

À Michel de la Chenelière pour m'avoir piloté souvent en me tenant la main dans ce monde du livre jusqu'ici si étrange et mystérieux pour moi.

Et à Francyne pour ta tolérance durant toutes ces heures passées juste à côté de toi, mais tellement absent parce que trop hanté par ce récit.

Vous êtes convié à correspondre avec l'auteur
à l'adresse courriel suivante :
quefreudmepardonne@hotmail.com

Ce volume a été achevé d'imprimer
sur les presses de l'imprimerie Lebonfon
à Val-d'Or
en mai 2002

Imprimé au Canada